A ESQUERDA QUE NÃO TEME DIZER SEU NOME

VLADIMIR SAFATLE

A ESQUERDA QUE NÃO TEME DIZER SEU NOME

UM NOVO LIVRO

Copyright © Vladimir Safatle, 2025
Copyright © Editora Planeta do Brasil, 2025
Todos os direitos reservados.

Preparação: Cássia da Rosa e Oliveira
Revisão: Ligia Alves e Fernanda Guerriero Antunes
Diagramação: Negrito Produção Editorial
Capa: Fabio Oliveira

Dados Internacionais de Catalogação na Publicação (CIP)
Angélica Ilacqua CRB-8/7057

Safatle, Vladimir
  A esquerda que não teme dizer seu nome / Vladimir Safatle. – São Paulo : Planeta do Brasil, 2025.
  112 p.

ISBN 978-85-422-3659-0

1. Filosofia política – Brasil 2. Direita e esquerda (Ciência política) I. Título

Índice para catálogo sistemático:
1. Filosofia política

Ao escolher este livro, você está apoiando o manejo responsável das florestas do mundo

2025
Todos os direitos desta edição reservados à
Editora Planeta do Brasil Ltda.
Rua Bela Cintra, 986, 4º andar – Consolação
São Paulo-SP – cep 01415-002
www.planetadelivros.com.br
faleconosco@editoraplaneta.com.br

A meu PAI,
que me deu um nome

SUMÁRIO

Introdução 11

Igualdade 29

Soberania popular 57

Do tempo das ideias 85

Conclusão 107

"Melhor morrer de vodca que morrer de tédio."
Vladímir Maiakóvski

INTRODUÇÃO

Em 2017, o governo de Michel Temer conseguiu aprovar uma reforma trabalhista que representou a maior derrota da história da classe trabalhadora brasileira. Direitos consolidados foram apagados do mapa. Mulheres grávidas podiam agora ser obrigadas a trabalhar em lugares insalubres, e as jornadas de trabalho podiam chegar a doze horas por dia. Regras de demissão, descanso e férias foram radicalmente flexibilizadas. Tornou-se possível negociar entre sindicatos e empresas condições de trabalho diferentes das previstas em lei, mesmo que prejudicassem os trabalhadores e as trabalhadoras. Caso estes perdessem ações contra seus empregadores, deveriam pagar os custos do processo e os honorários advocatícios da parte contrária. Até o momento em que a nova edição deste livro foi lançada, em 2025, todas essas reformas continuavam intocadas.

Essas eram apenas algumas das "inovações" que levaram a classe trabalhadora brasileira a condições de trabalho dignas do século XIX. O que chamamos de "capital" não é uma estrutura nem dinheiro estocado; ele é uma classe que se serve de todas as suas forças para preservar seus interesses e margens de ganhos. Uma classe impulsionada por uma ilusão fundamental: a possibilidade de produção infinita de valor a partir da exploração da terra e do trabalho. "Infinita" significa aqui que o único limite para o aprofundamento da exploração do trabalho é aquele que as próprias trabalhadoras e trabalhadores conseguirmos impor. Se não formos capazes de tanto, trabalharemos até mesmo depois da nossa morte.

Mas o fato realmente novo, nesse caso, não era a sanha do empresariado por espoliar o trabalho até a última gota. Na verdade, a novidade era o absoluto silêncio. Nenhuma manifestação significativa de rua, nenhuma greve, nenhum piquete ou bloqueio. Poderia se imaginar que estávamos diante de dias normais, a não ser por um detalhe: quem entrasse nas casas das famílias progressistas brasileiras as encontraria indignadas, emocionalmente envolvidas, entre choro e júbilo, com os nervos à flor da pele... mas pelo resultado do *BBB*.

Sim, naquela semana em que a reforma trabalhista tinha sido aprovada em silêncio, assistíamos à final do grande *Big Brother Brasil*, cujo vencedor era uma pessoa que hoje chamaríamos de "representativa", com vários atributos e predicados que são marcadores de exclusão social. Era possível ouvir os gritos de felicidade vindos dos apartamentos progressistas. Aos que estranhavam a celebração, não faltou quem lembrasse que se tratava de ocupar espaços de visibilidade, mudar suas configurações como capítulo maior de um plano de abertura revolucionária à diversidade. Pois, afinal, aquilo era uma parte fundamental do que deveríamos entender agora por "lutas políticas". Que a pessoa certa ganhasse o *BBB* era uma enorme vitória política a ser celebrada. Não pensar assim era certamente ser representante de um preconceito elitista tacanho e ranzinza, incapaz de compreender as verdadeiras aspirações populares. Alguém fadado, por isso, a ser incapaz de se comunicar com o povo. Problema grave, porque, afinal, como se diz atualmente: não nos "comunicamos bem", quer dizer, de forma jovial, sexy, rápida, descomplicada, hackeando memes, viralizando tiradas espertas, mesmo que tudo o que nos restou a fazer nesses últimos tempos tenha sido exatamente isso.

Bem, eu sugiro que toda reflexão sobre o que está a ocorrer com a esquerda atualmente parta de situações como essa. Algo aconteceu conosco, e deveríamos começar daí, a saber, olhando para o espelho e perguntando: "O que aconteceu conosco?". Há uma desorientação que nos acomete nos últimos tempos e que se acelerou desde que este livro foi lançado pela primeira vez, em 2012. Pois talvez fosse mais honesto partir da impotência do campo progressista e de suas lógicas compensatórias. Partir dessa nossa capacidade única de inventar vitórias quando estamos diante de derrotas que exigiriam autocrítica profunda e reflexão implacável. Como se nossa incapacidade concreta de criar transformações estruturais nos regimes de reprodução material da vida fosse acompanhada pela ilusão de que capitaneamos uma enorme revolução social ao lutar pela integração mais bem-sucedida de parcelas de deserdados à Rede Globo. Tudo o que se pode dizer é que, nesse caso, as transformações serão mínimas, e, a despeito de quem tenha ganhado o *BBB*, as mulheres grávidas vão continuar a trabalhar em espaços insalubres. Se estávamos realmente preocupados com elas, teria sido melhor desligar a televisão e bloquear as ruas.

Mas isso não era tudo. Ainda tinha algo a mais. Algo que vinha como um pesadelo a ganhar cada vez mais força, fazendo com que as periferias das grandes cidades brasileiras, as massas de precarizados, de uberizados, parecessem se voltar contra nós. Um pesadelo que não passaria rápido, a saber, a ascensão irrefreável e constante de uma extrema direita popular. Não a direita das oligarquias tradicionais e das famílias com sobrenome de quinze mandatos de deputado, mas uma extrema direita de gente periférica, negra e evangélica, figuras que realmente não faziam parte da casta de políticos profissionais e tecnocratas do poder.

E então começamos a circular estudos e análises que explicavam como estávamos sendo atacados por uma onda de regressão social, por hordas de ressentidos contra nossas políticas públicas de ascensão dos mais vulneráveis, por ignorantes capazes de acreditar que a terra é plana, por sádicos tomados pelos aspectos mais destrutivos da pulsão de morte. Em todos esses casos, sempre era questão de mobilizar uma explicação deficitária do fenômeno de ascensão da extrema direita. Ou seja, o eleitor da extrema direita só poderia ter alguma limitação primária, algum déficit, seja ele moral (discurso de ódio), psicológico (ressentimento, frustração) ou cognitivo (*fake news*, obscurantismo, negacionismo).

Bem, tudo o que posso dizer é que essa era uma boa maneira de defender nosso narcisismo combalido, de afirmar nossa superioridade moral e intelectual em relação a quem combatemos. Por exemplo, Nietzsche havia usado o ressentimento como diagnóstico do saldo do processo civilizatório. Esse era um diagnóstico ligado à autoinspeção de nossos próprios sentimentos morais, ao questionamento de nós mesmos. Podemos sempre ser potencialmente ressentidos, lembrava Nietzsche, e saber isso, desconfiar do desejo de poder por trás de nossa própria moralidade, era um exercício fundamental para a emancipação. Mas havíamos andado em um caminho diferente de Nietzsche, transformando a crítica do ressentimento não em um exercício de autoinspeção, mas em uma arma apontada contra o outro, na prova máxima de que sua indignação era injusta, de que era apenas uma reação de privilegiados contra as novas configurações da redistribuição social. Mesmo que esse "privilegiado" fosse um motorista de Uber, um entregador de iFood ou um morador da Vila Matilde.

Tudo isso mostrava uma incapacidade crônica da esquerda de levar a sério a hipótese de que largos espectros de seus antigos eleitores e eleitoras estavam votando na extrema direita simplesmente por se sentirem traídos, por não se verem mais como objetos das preocupações reais das suas políticas e das suas práticas no poder. Ou seja, por entender que prometíamos muito e entregávamos cada vez menos, por entender que eles e elas não se sentiam representados por quem apresentávamos como dotado de grande representatividade. Só que, quanto menos entregávamos, mais dizíamos que não poderíamos ser cobrados, criticados, porque, afinal, estávamos em meio a uma batalha de vida e morte contra o pior de todos os inimigos: o fascismo. E, quanto mais o fascismo avançava, mais dizíamos ser politicamente maduro e racional lutar pela construção de frentes amplas contra a "barbárie". Mesmo que essas frentes amplas fossem apenas uma forma de paralisia política, de nos fazer sempre limitar nosso horizonte de transformações até nossas políticas sequer aventarem, por exemplo, suspender as reformas trabalhistas citadas anteriormente. Por isso, quanto maior a frente ampla, maior sua ineficácia em impedir a emergência de figuras da extrema direita capazes de mobilizar o desejo anti-institucional, a raiva social de se sentir deserdado e esquecido. Quanto mais íamos ao "centro", mais a extrema direita se fortalecia.

Por que dizer que a esquerda morreu

A meu ver, nesse horizonte, a coisa mais honesta era começar por afirmar que a esquerda morreu – não para abandonar o campo político, voltar para casa, cultivar seu jardim e esperar cinicamente o apocalipse final, mas exatamente para lutar contra o cinismo, contra o devir cínico de nós mesmos. Dizer que a esquerda morreu era uma maneira de dizer: "Não é nem dessa forma nem por isso que lutamos, não conte conosco para justificar tal capitulação". Na vida, morre-se várias vezes, e, em certas situações, reconhecer-se morto é a única maneira de preservar a vida. Pois tal reconhecimento é maneira de preservar o desejo de ser outro. Um dia, Gilles Deleuze disse: "É melhor a morte do que a saúde que nos propõem".[1] Digamos que a ideia fosse mais ou menos essa. Há de se preferir a morte a essa saúde, a essa "responsabilidade", a essa "governabilidade".

---

1 Deleuze, Gilles. *Logique du sens*. Paris: Seuil, 1969, p. 188. (tradução minha)

Bem, foi o que fiz nos últimos anos, mesmo que algumas das reações-padrão fossem variações do eterno: "Mais uma bobagem desses intelectuais de gabinete que falam sobre os interesses dos pobres, mas não sabem nem chegar em M'Boi Mirim". Como se vê, o anti-intelectualismo não é um monopólio da direita – e, bem, eu sei chegar em M'Boi Mirim, já fui lá escutar e discutir com seus moradores. De toda forma, afirmar que a esquerda morreu era uma maneira de dizer que não conseguíamos mais realizar nosso papel; que nosso discurso e nossas práticas estavam sendo, em larga medida, rechaçados pelas classes populares. Não, não era um problema de "má comunicação". Era pior. Era não ter o que oferecer, salvo a promessa de uma gestão mais "humana" das crises terminais do capitalismo, algo completamente sem sentido, já que não é possível gerenciar tais crises dentro do sistema que as gerou.

Façamos uma rápida análise macro-histórica para melhor compreender onde estamos. A última década deixou claro como vivemos no interior de uma conjunção inédita de crises: ecológica, demográfica, social, econômica, política, psíquica e epistêmica. A isso podemos chamar de "crises conexas", pois estão conectadas e se retroalimentando. A ecológica, por exemplo, produz novas pressões demográficas, assim como, entre outras coisas, novas formas de sofrimento psíquico e sentimento de vulnerabilidade e impotência social. A econômica, por sua vez, produz instabilidades políticas, e assim vai, até uma situação de completa angústia social.

Essas crises não apareceram de surpresa. Desde a década de 1970, o capitalismo se constituiu como um sistema de baixo crescimento, endividamento crônico e aumento da concentração de renda. Todas as tentativas de superar esses entraves acabaram, em mais ou menos uma década, por produzir novas crises. Por um tempo, usamos a inflação como forma de compensar perdas; depois, veio o endividamento público; depois, o crescimento do crédito privado em cima de garantias inexistentes.[2] Nesse processo, as classes mais desfavorecidas sempre pagaram o preço: seus ganhos diminuíram e suas garantias foram para o espaço, enquanto os detentores de capital conseguiram cada vez mais estabilizar sua opulência.

Esse processo levou à erosão dos acordos políticos que sustentavam a democracia liberal-parlamentar, pois as classes populares se viram cada vez mais empobrecidas e precarizadas, com cada vez menos razões para esperar algo dos atores políticos hegemônicos. Ele levou também à aceleração da crise ecológica, já que o modelo econômico responsável pela destruição de biomas, a saber, o agronegócio exportador e a exploração de combustíveis fósseis para financiar o "crescimento", continuou submetido aos mesmos interesses privados de acumulação. Por fim, ele levou a uma crise psíquica, pois sujeitos se viram submetidos a exigências de performance, rentabilidade e sobrevivência em condições de profundo isolamento e decomposição do corpo social. Como empreendedores isolados, eles não podiam mais contar com

---

2 Ver a esse respeito: Streeck, Wolfgang. *Tempo comprado: a crise adiada do capitalismo democrático*. Tradução de Marian Toldy e Teresa Toldy. São Paulo: Boitempo, 2016. Ver também: Piketty, Thomas. *Uma breve história da igualdade*. Tradução de Maria de Fátima Oliva do Coutto. São Paulo: Intrínseca, 2022.

instituições e redes de solidariedade que produzissem algum nível de defesa coletiva – sindicatos, associações, comunidades de defesa: nada disso tinha força mais. Sujeitados ao discurso do aumento das reponsabilidades individuais, do "não existe almoço grátis", eles se viram psiquicamente implodindo diante de um mundo sem garantias, de riscos sentidos apenas pelos sem herança e sem capital, ou seja, apenas por você.

No entanto, essas crises acabaram, em larga medida, por se estabilizar, tornando-se o regime normal de governo, como a longa crise política das instituições da democracia liberal nos últimos vinte anos, ou a longa crise econômica presente no horizonte de justificação das políticas econômicas de nossos países e instituições desde 2008. Essas crises não impediram a preservação dos fundamentos da gestão econômica neoliberal, nem o aprofundamento de sua lógica de concentração e de silenciamento de lutas sociais. Antes, podemos mesmo dizer que elas forneceram o solo ideal para a realização de tais processos. Porque, diante de uma crise, toda medida "excepcional" vale, toda restrição e violência valem. Afinal, todos devem aceitar os pretensos sacrifícios necessários. Foi desse modo que a dinâmica de normalização das crises produziu uma mutação de nossas formas de governo. Cada vez mais, tivemos que conviver com medidas excepcionais, violentas e autoritárias no interior de processos normais de gestão social.

Diante de uma situação dessa natureza, algumas possibilidades se colocariam para nós. Uma delas é a transformação estrutural das condições que geraram tal sistema de crises conexas. Isso exigiria não nos vermos mais como gestores das crises geradas pelo sistema capitalista, mas como "força ofensiva" contra o Capital, como disse uma vez Marx. Mas é exatamente isso que a constelação de progressismos que conhecemos hoje tirou de circulação. Sem isso, ela fica sem uma resposta convincente para as crises nas quais nos encontramos. A única resposta mais ou menos coerente, por mais catastrófica que seja, vem da extrema direita, e toda análise honesta da situação atual deveria partir daí.

Ser uma força ofensiva contra o Capital significaria lutar abertamente pelo seu fim, criar processos que generalizam a autogestão da classe trabalhadora, a soberania popular, inclusive no que diz respeito a decisões econômicas; significaria também permitir à sociedade liberar-se do trabalho e utilizar o desenvolvimento tecnológico como instrumento para a criação do tempo livre, disponível para o enriquecimento da sensibilidade das pessoas. Significaria, por fim, libertar a cultura de sua submissão ao Capital, pois, sob seu império, as produções da cultura são formas de construir uma subjetividade assujeitada ao ritmo, à lógica de valorização, de performance, do espetáculo, necessárias para a naturalização da lógica econômica que procura nos moldar. Mas nada disso ocorreu porque a esquerda não percebeu o horizonte de crise que nos aguardava. Por um momento, parecia que a luta ideológica tinha sido deixada para trás em prol da mobilização de lutas contra-hegemônicas que se dão no interior do campo já estabelecido e codificado das hegemonias, assim como da mobilização de "políticas públicas" pontuais, misturada a um "choque de modernização" vindo da crença de que, depois da queda do Muro de Berlim, o mundo entrava em nova fase de conciliação sem fronteiras.

Não foram poucos os que acreditaram que esses seriam os eixos da nova ordem mundial.

As décadas seguintes demonstraram como, apesar da profunda frustração com o horizonte socioeconômico expressa em manifestações e insurreições populares – da Primavera Árabe ao Estallido Social chileno, passando pelas Jornadas de Julho de 2013, no Brasil, pela greve geral da Colômbia, em 2021, pela revolta na Praça Taksim, na Turquia, até os Gilets Jaunes, na França, entre outras –, os setores hegemônicos da esquerda continuavam impotentes, enquanto os outros não sabiam operar em grande escala. Para garantir essa impotência, o Estado e seus agentes aumentaram exponencialmente a violência direta, pois é através de gás lacrimogêneo e balas (nem sempre de borracha) que o capitalismo se preserva das crises.

O realismo da extrema direita

Foi nesse cenário que a extrema direita ganhou força. Pois outra possibilidade diante das crises que marcam nosso tempo é aquilo que poderíamos chamar de *generalização do paradigma da guerra como forma paradoxal de estabilização*. Essa segunda opção parte de certo realismo de quem diz que essa conversa sobre modificar as bases de reprodução material da sociedade é coisa de Centro Acadêmico. Para essa lógica, as crises conexas não impulsionarão uma superação ou mesmo uma transformação estrutural do capitalismo. Até porque, do ponto de vista interno ao capitalismo, diante de crises dessa natureza, ele não se reforma; ele acelera.

O capitalismo acelera diante de crises porque é um sistema cuja racionalidade está baseada na maximização de interesses individuais, acrescido da ilusão de que tal maximização produziria, ao final, a riqueza comum. Ou seja, cada um trabalha para si, tentando vencer o outro em uma relação constante de concorrência. Se todo mundo trabalhar para si mesmo, tentando sempre vencer concorrentes, o progresso acontecerá e a riqueza comum será produzida. Isso é o que se costuma chamar de "mão invisível do mercado". Mas seria o caso de lembrar que o capitalismo nunca foi concorrencial. Essa é só uma das falácias que ele procura naturalizar. Na verdade, ele sempre foi monopolista; seu livre-comércio só foi defendido quando o comerciante mais forte, quando os países de capitalismo mais agressivo, tinham certeza de que conseguiriam impor seus interesses aos demais.

Mas gostaria de insistir em outro ponto, a saber, do ponto de vista dos interesses individuais, não há razão alguma para eu não aproveitar crises e intensificar minha extração de lucro, assim como minha constituição de monopólios. Por que se preocupar com o estado do meio ambiente em cinquenta anos se em cinquenta anos estarei morto? Utilizar a maximização de interesses individuais como padrão de validade equivale a implodir o tempo social, organizando toda a racionalidade do processo de produção a partir da maximização dos interesses do presente. E de nada adianta imaginar que tais exigências do presente seriam limitadas pelo "estado do mundo que deixarei aos meus filhos". Se dependermos do amor do capitalista por seus filhos e filhas para esperar algum freio de emergência contra o aprofundamento das crises, estaremos realmente perdidos.

Esse parêntese está aqui para nos lembrar de que a extrema direita parte da constatação de que a única solução na ordem do dia é a aceitação do sistema capitalista. Daí vem seu diagnóstico. Ela dirá: "É verdade, não há como gerir mais as crises do sistema capitalista a partir do próprio sistema que as gerou. No entanto, como não há outra alternativa possível, o que resta é salvar uma parte da sociedade e deixar o resto perecer, expulsar o resto de nossas fronteiras, organizar deportações em massa, deixar pessoas na mais absoluta miséria, submetê-las à espoliação máxima através do aumento exponencial da violência policial, da precariedade de suas vidas" (bem, na verdade, ela não dirá nada, mas a ideia é essa).

A possibilidade de fazer parte dessa parcela da sociedade a ser salva é o que mobiliza o setor da população que hoje adere à extrema direita. Seja através da preferência nacional, seja através do discurso do empreendedorismo com o seu "quem trabalhar duro irá se salvar", seja, em outros casos, através do discurso religioso dos escolhidos, o que sempre está em questão é a divisão entre quem será salvo e quem será sacrificado. Por mais brutal que seja, o discurso tem sua coerência, principalmente em um momento no qual a esquerda não acredita realmente que uma mudança de estrutura seja possível, já que ela nunca tenta realizá-la quando está no governo. Nosso chamado à solidariedade é, por essa razão, profundamente abstrato e, para grandes setores da população, simplesmente falso. É da nossa falsidade que a extrema direita tira sua força real.

Bem, se disse que a única maneira de verdadeiramente combater tal tendência passa por admitir que a esquerda morreu, não era para terminarmos nossas vidas no vale das lamentações, mas para começarmos a nos perguntar o que pode ser uma esquerda que não tem medo de dizer seu nome. Essa é a função deste livro: perguntar-se sobre o que é uma esquerda que, na primeira metade do século XXI, pode ainda ter lugar. Uma maneira de iniciar a discussão é identificando quais são as posições que podem caracterizar, hoje, o pensamento de esquerda. Esta reflexão pode nos mostrar como *a política é, em seu fundamento, a decisão a respeito do que será visto como inegociável*. Ela não é simplesmente a arte da negociação e do consenso, mas a afirmação taxativa daquilo que não estamos dispostos a colocar na balança. O que falta atualmente à esquerda é mostrar o que, segundo seu ponto de vista, é inegociável. É disso que este livro pretende falar.

Pode parecer que, ao final, vamos acabar por voltar a "velhas palavras", a temas que não estão, digamos, no *top ten* em circulação no mundo acadêmico global. À ocasião da primeira edição desta obra, Caetano Veloso chegou mesmo a dizer, por essa razão, que eu tinha "cabeça de concreto armado".[3] Achei por bem responder que eu crescera em Brasília, e lá, bem, o concreto faz curva. Era a minha maneira de dizer que o ato de criação do novo não ignora a necessidade de resgatar as potencialidades de transformação que ficaram silenciadas no passado, de implodir o tempo, operando um movimento para a frente e para trás. Ou seja, voltar a "velhas

---

3 Veloso, Caetano. Detalhes rítmicos (10/06/2012). *Caetano é Foda*, 2021. Disponível em: https://caetanoefoda.blogspot.com/2021/05/detalhes-ritmicos-10062012.html. Acesso em: 10 out. 2023.

palavras" nunca é retornar ao mesmo lugar. É como voltar a um tema musical depois de um longo desenvolvimento. Mesmo idêntico, ele agora ressoa a história de seus descaminhos e transformações.

Nota editorial

Como disse anteriormente, este livro foi publicado inicialmente em 2012. No entanto, esta versão é praticamente uma nova obra. Pouca coisa ficou como era. Eu quis criar esse estranhamento de um livro reeditado que é, na verdade, outro livro. De certa forma, era mais honesto, pois, de fato, foi o que aconteceu comigo. Sob a capa das mesmas estruturas, muitas ideias mudaram na última década, o que não poderia ser diferente, já que o mundo mudou drasticamente, e ideias são processos. Elas se movem a partir das afecções produzidas pelo mundo, desdobrando-se e nos empurrando para longe de onde estávamos.

Após ter escrito a primeira edição, o mundo conheceu uma série de insurreições populares que começaram com a Primavera Árabe. Fui atrás delas, desloquei-me até seus lugares para entrevistar pessoas, ser afetado, ouvir análises, respeitar a ideia de que um pensamento situado é aquele que procura pensar a partir de certos lugares e que se deslocar a tais lugares é condição fundamental para a orientação correta do pensamento.[4]

---

4 Na ocasião, escrevi três artigos analíticos para a *Folha de S.Paulo*: "A volta do parafuso" (22/01/2012), sobre a insurreição tunisiana, "Ruínas recém-construí-

Logo depois, vieram as grandes manifestações de 2013 no Brasil, e, para quem tinha visto o processo árabe, não era difícil perceber como estávamos diante de uma dinâmica global de insatisfação social, econômica e política. Foi a incapacidade de lidar com uma insurreição popular como a que ocorreu em 2013 que selou o destino da esquerda brasileira. Desenvolvi minhas reflexões sobre 2013 em outro livro, ao qual remeto quem se interessar pela questão.[5] Foi a partir daí que a extrema direita se colocou como força insurrecional com apelo popular cada vez mais forte. Foi a partir daí que ficou claro para mim que a política havia se deslocado para os extremos, e a esquerda corria o risco de se tornar, na verdade, uma força antipolítica, ou seja, uma força gestionária que julga só nos restar procurar a melhor forma de gerir os limites do presente.

Depois disso, entrei em um partido pela primeira e única vez na vida por acreditar que havia chegado o momento de tentar fazer a passagem das dinâmicas de pressão popular à intervenção institucional. Eu deveria ter sido o candidato a governador de São Paulo pelo PSOL na eleição de 2014, mas, na última semana antes da nominação, um conflito estourou no interior do partido e acabei por abandonar o projeto. Só fui me candidatar em 2022, a deputado federal, em um momento em que acreditava que tudo deveria ser

---

das" (29/01/2012), sobre a insurreição egípcia, e "Aqui não há nada para ver" (05/02/2012), sobre a Palestina.

5 Safatle, Vladimir. *Só mais um esforço*. Belo Horizonte: Autêntica, 2022. Minhas análises foram completadas em Safatle, Vladimir. "O dia em que o Brasil parou dez anos". In: Altman, Breno; Carlotto, Maria. *Junho de 2013: a rebelião fantasma*. São Paulo: Boitempo, 2023.

feito para impedir um segundo mandato de Jair Bolsonaro. Acabei me tornando suplente.

Desde que Bolsonaro assumiu o poder, juntei-me a quem lutou sem trégua, desde o primeiro dia, contra seu governo e seu projeto. Montamos grupos de ação a partir da pandemia, organizando manifestações e outras formas de ações públicas. Junto com ex-ministros e intelectuais de todos os espectros políticos, criamos a Comissão de Defesa dos Direitos Humanos Dom Paulo Evaristo Arns – Comissão Arns. Levamos Bolsonaro aos tribunais internacionais por genocídio indígena. Com deputados do PSOL e contra a cúpula do próprio partido, protocolamos um dos primeiros pedidos de impeachment. Como um dos resultados, em 2021, acabei por ser acolhido pelo governo francês em um programa de auxílio a acadêmicos em perigo.

Essas experiências e esse curso concreto do mundo modificaram muitas de minhas posições políticas nestes últimos treze anos. Alguns começam a juventude com posições radicais e vão, com o tempo, moderando suas visões de mundo. No meu caso, aconteceu o oposto. E isso não foi fruto apenas de uma idiossincrasia pessoal, mas de uma transformação objetiva do horizonte político global. Daí a necessidade de reescrever este livro. Normalmente, autores que se veem diante da tarefa de reeditar um livro antigo abandonam todo o desejo de corrigi-lo e fazem, no máximo, alguns ajustes pontuais. Sempre se termina uma introdução à nova edição dizendo algo como: "Caso começasse a corrigi-lo, teria que escrever uma nova obra". Bem, eu resolvi fazer o que normalmente não se faz e acabei mesmo por escrever uma nova obra. Nesse processo, pude entender melhor como mudamos, as metamorfoses pelas quais passamos, a maneira como os acontecimentos nos afetam, como guardamos algumas coisas e transformamos radicalmente outras. O pensamento é o efeito dos afetos produzidos por acontecimentos em nós. Pensar não é uma atividade abstrata, e sim uma atividade afetiva: ela nasce da abertura aos afetos produzidos pelo mundo. Quis levar essa ideia a sério.

Mas pode existir quem se pergunte sobre a esterilidade de clamar por horizontes de transformação que aparentemente estão distantes de serem realizados. A tais pessoas, eu lembraria inicialmente que a história exige certa humildade, pois seus cursos são marcados pela contingência. O que nos é visível hoje está submetido à limitação momentânea de nossa percepção e não diz respeito às tendências que estão realmente em operação na situação da qual fazemos parte. Tendências essas que, muitas vezes, só ficam evidentes posteriormente, depois de os acontecimentos eclodirem. Se assim for, há de se desconfiar do desejo de alguns em querer acreditar que certos acontecimentos não ocorrerão, de não querer estar preparado para eles, de não querer clamar por eles, principalmente em um momento de desagregação como o nosso. Pois, mesmo que tais acontecimentos não ocorram enquanto estivermos vivos, lembraria que guardar as armas para a luta das gerações que virão já é uma tarefa gloriosa. Se é essa a tarefa que nos cabe, que a façamos com empenho e rigor.

IGUALDADE

"Os lobos andam sempre em matilha..."
GILLES DELEUZE

Talvez a posição mais decisiva do pensamento de esquerda seja a *defesa radical do igualitarismo*. Juntamente com a soberania popular, ela fornece sua pulsação fundamental. Ou seja, se alguém te perguntar: "O que é ser de esquerda?", diga: "É defender a igualdade radical e a soberania popular". Isso é o inegociável para nós.

A igualdade é o fundamento de uma sociedade justa. Seu sentido não está vinculado a alguma forma de imposição de homogeneidade, como se não fosse possível, em uma sociedade igualitária, o reconhecimento efetivo da diferença. Na verdade, podemos dizer exatamente o contrário, a saber, que só em uma sociedade radicalmente igualitária diferenças e singularidades são possíveis. Pois, nesse contexto, "igualdade" significa ausência de hierarquia, ausência de sujeição. Quando a hierarquia impera, uma vez que ela impõe níveis de valores, as diferenças só podem ser vividas como desigualdades. O que é diferente do que está acima é necessariamente menos valorizado. Nesse sentido, ser diferente em uma sociedade hierarquizada significa ser desigual, ser mais vulnerável, não ser conforme o que se espera para ser reconhecido.

Essa crítica à hierarquia não significa necessariamente o desconhecimento da existência de relações sociais baseadas em autoridade e poder. Significa simplesmente que tais relações podem circular em várias direções, que elas não se cristalizam, sendo continuamente reversíveis e dinâmicas. Ou seja, em uma sociedade desprovida de hierarquia, as relações de poder não se transformam em relações de dominação.

Poder e dominação não são necessariamente a mesma coisa, embora se sobreponham com frequência. Poder é a capacidade de exercer sua própria potência de ação e engajar outros nesse processo. É compreender que essa potência de ação não é individual, mas sim expressão do desdobramento de relações sociais, passadas e atuais, das quais faço parte. Por isso, a ação que daí deriva não é uma imposição, e sim um encontro. Todo encontro é uma relação de poder, pois permite a circulação de dinâmicas de ação e transformação através de um engajamento coletivo que ressoa dimensões inconscientes de nossas motivações para agir. Dominação, por sua vez, é a sujeição da vontade de um ou mais indivíduos à vontade de outro. Por isso, ela só pode se exercer como mando e vigilância. Pois uma vontade individual só se exerce pela força ou pela promessa de participação em ordens futuras.

Ou seja, em uma sociedade radicalmente igualitária, as diferenças não são destruídas por hierarquias, o poder circula e não se cristaliza em pontos específicos. E as diferenças não são destruídas, porque uma sociedade igualitária as reconhece todas. Essa é sua real dinâmica. Devemos falar em "dinâmica" nesse contexto porque reconhecimento não é simples recognição. Reconhecer algo ou alguém não significa simplesmente tomar nota de sua existência. Reconhecer é mudar estruturalmente quem reconhece, pois, ao reconhecer um outro que até então eu não reconhecia, algo de meu mundo se modifica, sou afetado por aquilo que até então me era inexistente, uma mutação estrutural do campo da experiência ocorre. Meu mundo muda, pois agora há mais sujeitos, mais corpos, mais sensibilidades. Por isso, sociedades igualitárias estão em contínua mutação.

Essas colocações iniciais servem para lembrar como a desigualdade é não apenas um problema de ordem socioeconômica, mas um bloqueio estrutural na realização de uma sociedade emancipada. Ela não é um problema dentre outros, mas o problema central quando a questão é compreender os déficits normativos de uma sociedade e as limitações em sua potencialidade de criação e coesão. Alguns tentam fazer uma contraposição entre *igualdade* e *liberdade*, como se o crescimento de uma implicasse a limitação da outra. No entanto, a igualdade é a verdadeira liberdade. Ela é a única liberdade que merece esse nome. Na verdade, a igualdade é apenas um outro nome possível para liberdade, o seu nome próprio e correto. Só uma sociedade radicalmente igualitária é livre. As outras chamam de igualdade o que é, na verdade, a naturalização de exclusões de toda ordem, como a falácia de que, se alguém está em uma posição precária e vulnerável, é porque não teve suficiente ambição e trabalho.

Por isso, é correto dizer que simplesmente não existe "liberdade individual". De todas as criações espúrias do liberalismo, essa é a mais desprovida de sentido. Ninguém pode ser livre em uma sociedade não livre. Não é possível ser livre individualmente. Desde o início, estou em relação com outros. Se esses outros não são livres, então estou dentro de uma rede de relações de sujeição e não há como eu estar imune a ela. Essa rede constituirá dimensões fundamentais de meu ser.

Por exemplo, um senhor de escravos não é livre, pois ele cada vez mais se parece com a condição do escravo que ele degrada. Por depender do escravo para viver e para produzir, no fundo, ele deseja como um escravo, pois precisa de um para realizar seus desejos. Ele se brutaliza como um escravo, pois precisa de um para existir. Tudo o que ele pode ser é apenas um "senhor de escravos", alguém que simplesmente repete uma posição social já previamente definida e que será somente isto: a repetição morta de uma posição social. Mesmo sendo senhor de escravos, é ninguém, só o exemplar intercambiável de uma ordem social. Não tem singularidade nem afecção, pois nenhum contato com o outro o transforma. Por outro lado, para desejar, para produzir, para ser, precisa degradar o outro. Ele precisa da degradação; ela é seu ser.

Se qualquer outra pessoa vive em uma sociedade escravista e naturaliza essa situação, sua pretensa liberdade é baseada no esquecimento, na indiferença e no apagamento de como sua autonomia só existe porque outros foram degradados à condição de escravos. Um exercício da liberdade que se baseia na dominação do outro ou na indiferença em relação à sujeição do outro só pode produzir o inverso do que a liberdade efetivamente produz. Mesmo se eu não estiver de acordo com essa sociedade, se eu nada fizer contra ela, vivendo a minha vida como se fosse alguém livre individualmente, eu a fortaleço pelo meu silêncio, eu a alimento pela minha condescendência, eu permito que ela me constitua. Isso vale para toda sociedade em que a opressão reina, ou seja, para sociedades como a nossa.

É importante entender isso de uma vez por todas: liberdade não é um predicado que aplicamos a pessoas e indivíduos. Liberdade é um predicado que aplicamos a sociedades, a corpos sociais. Só uma sociedade pode ser livre. E, enquanto ela não for livre, todos os seus membros serão oprimidos, de uma forma ou outra, e terão que lidar com essa consciência que corrói cada um e cada uma de nós de forma implacável. Nem eu nem você somos livres, e nós dois precisamos, cada um de sua forma, lidar com a não-liberdade que nos corrói e limita.

Linguagem, desejo e trabalho

Mas, se nos perguntarmos sobre os campos de efetivação de uma política da igualdade, teremos que começar por lembrar que nossas formas de vida conhecem três dimensões fundamentais de interação social: a linguagem, o desejo e o trabalho. Isso significa que estabelecemos relações ao falarmos com outros seres, desejarmos outros seres e trabalharmos conjuntamente. Nesse sentido, uma sociedade igualitária é aquela capaz de submeter tanto trabalho quanto desejo e linguagem ao princípio de igualdade. Nossas lutas não podem operar em apenas um desses eixos – precisam mobilizar os três *ao mesmo tempo*. São como três círculos ligados entre si em um nó borromeano: se um dos círculos se desfaz, os outros dois se soltam. Da mesma forma, se um dos três eixos não é submetido às mesmas exigências de igualdade, toda a luta se transforma em um esforço para preservar formas específicas de desigualdade e opressão, ainda que sob novas configurações. Tudo, então, se desfaz. Gostaria de enfatizar que esse talvez seja um dos maiores desafios da política de nosso tempo: submeter, simultaneamente, linguagem, desejo e trabalho ao princípio de igualdade. Um dos principais problemas enfrentados pela esquerda atualmente é a incapacidade de realizar essa operação.

Vejamos cada ponto. Submeter a linguagem ao princípio de igualdade significa reconhecer que nossas formas de saberes e descrição de mundo conhecem várias linguagens que trazem historicidades distintas. Todas elas devem circular em uma complexificação cada vez maior de nossa visão de mundo. Nossas sociedades não conhecem apenas uma, mas múltiplas linguagens. Não me refiro, por exemplo, aos falantes de português saberem falar também outras línguas. Refiro-me ao fato das nossas sociedades serem constituídas por várias experiências sociais simbolicamente estruturadas, que portam modos de saberes, de tecnologia, de argumentação e instituições próprias. Um país como o Brasil, por exemplo, foi constituído silenciando várias dessas linguagens para impor uma que deveria ser a expressão da racionalidade, do desenvolvimento e do progresso, enquanto todas as demais seriam degradadas à condição de "arcaísmos" e "regressões".

Esse é um dos problemas fundamentais de uma sociedade capitalista: ela conhece apenas uma linguagem, pois submete tudo à mesma escala de valor e de contabilidade. Ela não pode, por exemplo, ver uma árvore ao mesmo tempo como um espaço de memória ancestral, um processo de enriquecimento da sensibilidade, uma coisa autônoma em relação à vontade humana, com a qual ela estabelece múltiplas relações de metabolismo, e uma fonte de satisfação de necessidades. Acima de qualquer coisa, uma árvore é um objeto produtor de valor a ser preservado caso produza mais valor do que o investido para conservá-la ou a ser cortada caso a terra que ela ocupa produza ainda mais valor se colocado em seu lugar pasto ou soja. Em nossa sociedade, a árvore é apenas um signo da linguagem das mercadorias. Mas, como dizia Guimarães Rosa, um léxico só não basta.

Por sua vez, uma sociedade igualitária no campo do desejo é aquela que permite a circulação da multiplicidade de corpos desejantes, com seus arranjos singulares de desejos, suas formas singulares de se conectar a outros corpos e estabelecer vínculos. Trata-se de uma sociedade descontrolada, que provoca curto-circuito nas disciplinas, questiona continuamente suas distinções entre normalidade e patologia, saúde e doença, e desconhece lugares naturais. Logo, nela, os nomes e as designações são continuamente embaralhados. E, como "César é senhor da gramática" – como disse uma vez Carl Schmitt, um jurista nazista que sabia algo sobre o verdadeiro funcionamento do poder –, quem controla os nomes controla as possibilidades de experiência e de criação. Afinal, "os limites da linguagem são os limites do meu mundo".[1]

Sujeitos foram ensinados a se submeterem a princípios de autocontrole que lhes permitiriam melhor desempenhar papéis sociais, reproduzir injunções morais, ter disposição para o trabalho e a produção. Admitir que corpos seguem circuitos de afetos singulares e se constroem a partir dessas pulsações equivale a solapar tais princípios de hierarquia, pois corpos desejantes estão em questionamento contínuo dos ideais sociais que nos foram legados, que vimos circulando nos aparatos de pedagogia e entretenimento que nos formam, ocupando nosso "tempo livre".

Por fim, uma sociedade igualitária no campo do trabalho é aquela na qual quem trabalha decide. Os aparelhos de produção são então geridos por quem trabalha neles. Isso tem um nome muito importante para a esquerda: "autogestão da classe trabalhadora". Faz parte da desonestidade profunda das sociedades capitalistas criar essas figuras de detentores de capital que aparecem como grandes aventureiros, pessoas destemidas que tiram as sociedades da letargia e contagiam a todos com seus sonhos e inteligência. No entanto, nessas sociedades, os que realmente produzem parecem não ter rosto, nunca são ouvidos, nada decidem. Pois é como se eles fossem apenas um corpo com músculos, sem cérebro, sem sistema nervoso. Como se trabalho manual e trabalho intelectual devessem estar separados para que os pretensos

---

1 Wittgenstein, Ludwig. *Tratado lógico-filosófico*. Lisboa: Fundação Calouste Gulbenkian, 5.6.

detentores do trabalho intelectual tivessem seu direito natural de mando.

Contudo, como disse Graco Babeuf em plena discussão durante a Revolução Francesa, a "distinção por mérito" não passa de uma "loucura assassina",[2] já que as produções do gênio e da indústria do presente são, na verdade, uma compensação às invenções e genialidades precedentes das quais os inventores atuais se aproveitaram na vida social. Quem cria hoje depende da massa de criação e de trabalhos anteriores, anônimos ou nomeados. Ele está apenas a devolver aquilo que recebeu e que foi fruto de um imenso trabalho coletivo.

Essa é a questão mais intocada de nossas sociedades capitalistas. No entanto, ela é uma das chaves fundamentais para a luta pela igualdade radical. Trata-se da luta por reconhecer a igualdade das inteligências no trabalho. Sociedades que criam dispositivos de autogestão da classe trabalhadora ou de participação conjugada da classe trabalhadora no processo de gestão de empresas, corporações e espaços de produção têm melhores condições para realizar administrações voltadas ao interesse coletivo e ao enriquecimento comum. Podemos lembrar, nesse contexto, de um exemplo do estado de São Paulo. A partir de 2003, a fábrica de reservatórios e tonéis plásticos Flaskô, sediada no município de Sumaré, passou à autogestão da classe trabalhadora. Nesse período, ela viu sua produção aumentar, o tempo de trabalho diminuir e os salários subirem. Pois a visão do processo produtivo própria a quem está efetivamente vinculado

---

2 Babeuf, Gracchus. *Écrits*. Paris: Messidor, 1988, p. 328.

à produção é mais racional e menos onerosa. Exemplos dessa natureza demonstram que incentivos à autogestão (como a isenção de impostos a empresas que passem para esse modo de administração) e à gestão participativa (como leis que obriguem corporações a terem ao menos 30% de seus conselhos diretivos compostos por representantes das trabalhadoras e trabalhadores) teriam impacto relevante na estrutura da desigualdade econômica. Eles demonstram como ninguém precisa de um CEO.

Da mesma forma, uma sociedade igualitária no campo do trabalho não admite diferenças salariais brutais. No Brasil, o salário mais alto dentro de uma mesma empresa pode ser até 120 vezes maior do que o mais baixo, sem considerar bonificações e outros rendimentos. Mas há mesmo algum trabalho que seja 120 vezes mais importante e valioso que outro? Imagine, por exemplo, que os profissionais da limpeza parem de trabalhar. Quanto tempo será possível viver e continuar a trabalhar se eles e elas cruzarem os braços? Quanto dependemos dessas pessoas? E, se assim for, por que eles e elas são tão abertamente degradados? Uma sociedade que naturaliza diferenças dessa natureza está dizendo a quem ganha menos: "Você é indigno, pois seu trabalho não vale nada". No entanto, não há trabalho algum que valha 120 vezes mais do que outro.

Poderíamos lutar pelo estabelecimento de salários máximos e de limitações radicais da diferença entre remunerações. Há quem tentará contra-argumentar dizendo que essas limitações produziriam desmotivação e quebra de iniciativa. Mas o problema da realidade é que ela existe e nem sempre está disposta a seguir nossos preconceitos. Entre os vinte países com maior índice de inovação estão a Islândia, Noruega, Suécia e Dinamarca, onde a diferença entre o menor e o maior salário em empresas muitas vezes não ultrapassava a proporção de um para quatro.[3] Ou seja, não há nenhuma relação direta entre diferença salarial e iniciativa profissional. Garantido um salário digno, as motivações passam por outras dimensões.

Costuma-se dizer que uma das maiores astúcias do diabo é nos convencer de que ele não existe. Uma das maiores astúcias do discurso conservador é nos convencer, diante de dados como esse, de que luta de classe é um delírio de esquerdista centenário. Mesmo que vejamos um processo brutal de concentração de renda completamente institucionalizado, mesmo que vejamos a tendência de espoliação dos recursos por camadas mais ricas da população, deve haver um complô dos incompetentes contra aqueles que bravamente venceram na vida graças apenas a seu entusiasmo e sua capacidade visionária. Por isso, talvez devêssemos meditar sobre esta afirmação de Warren Buffett, um dos maiores bilionários do mundo: "É verdade que há uma guerra de classes, mas é a minha classe que está fazendo a guerra e ganhando".[4]

---

3 Ver Índice Global de Inovação 2023: Dutta, Soumitra; Lanvin, Bruno; León, Lorena Rivera; Wunsch-Vincent, Sacha (eds.). *Global Innovation Index 2023: Innovation in the face of uncertainty*. Genebra: World Intellectual Property Organization (WIPO), 2023.

4 Stein, Ben. In Class Warfare, Guess Which Class Is Winning. *The New York Times*, Nova York, 26 nov. 2006. Disponível em: https://www.nytimes.com/2006/11/26/business/yourmoney/26every.html. Acesso em: 10 out. 2023. (tradução minha)

No entanto, um problema central do que atualmente chamamos de "esquerda" é que, embora ela seja sensível às desigualdades nos campos do desejo e da linguagem, suas proposições de luta contra a desigualdade no trabalho são simplesmente inócuas. A razão é que o capitalismo aceita muito mais facilmente criar comitês de diversidade em empresas do que colocar a classe trabalhadora para gerir, para decidir turnos de trabalho e socializar meios de produção. Há níveis de permeabilidade a lutas sociais, e devemos levar em conta o que a experiência concreta nos mostra.

Nesse ponto, eu gostaria de adiantar uma tese geral deste livro: a ausência de ações robustas de governos ditos de esquerda pela igualdade no trabalho vem de um desconhecimento sobre a natureza das lutas nesta etapa do capitalismo. Estamos em um momento de aumento exponencial da violência estatal direta, da explicitação da lógica de guerra civil que marca o capitalismo e seus processos de concentração. Há cada vez menos margem de negociação e de conciliação porque os resultados que o capitalismo oferece às populações – suas promessas de felicidade e crescimento – são cada vez menores. Não haverá negociação dentro dos limites da democracia liberal. O que vimos até hoje foi apenas uma ilusão passageira. O problema é que nossas lideranças de esquerda foram formadas para negociarem dentro dessas margens institucionais das democracias liberais, não para imporem dinâmicas insurrecionais contra elas. Hoje, quem faz as massas sonharem com insurreições é a extrema direita. A primeira condição para retomarmos a força política é que esse mundo invertido acabe.

Quanto mais rico, mais rico; quanto mais pobre, mais pobre

Coloco as coisas nesses termos porque não haverá nenhuma mudança no horizonte das relações de trabalho e concentração de riqueza sem pressões insurrecionais. Estamos em um processo de concentração que se acelerou nas últimas décadas. Em 2000, o 1% mais rico da população brasileira detinha 44,2% da riqueza nacional. Em 2010, esse número caiu para 40,5%, mas em 2023 subiu novamente para 48,5%. Ou seja, ao final, regredimos. Em comparação, nos Estados Unidos, que não são nenhum paraíso de igualdade, o 1% mais rico da população detinha, em 2020, "apenas" 35% da riqueza nacional.[5] Para se ter uma ideia concreta do significado desses dados, segundo o Mapa da Desigualdade, em Alto de Pinheiros, bairro rico de São Paulo, a expectativa de vida média é atualmente de 80,9 anos. Em Guaianazes, bairro pobre da mesma cidade, ela é de 58,3 anos. Fica claro que a sociedade brasileira, por preservar atavicamente seus níveis de desigualdade, decidiu de forma soberana quem pode ter uma vida longa e quem deve morrer rápido.

Agora, vamos juntar esse número ao resultado de um estudo feito por dois economistas italianos: Guglielmo Barone e Sauro Mocetti. Divulgado em 2016, o estudo revela que os sobrenomes das pessoas ricas em Florença são, em larga

---

5 UBS. *Global Wealth Report 2023*. Zurique: UBS, 2023. Disponível em: https://www.ubs.com/global/pt/wealthmanagement/latamaccess/wealth--planning/articles/global-wealth-report-2023.html#:~:text=O%20mais%20 recente%20relat%C3%B3rio%20Global,de%20USD%202%2C4%20trilh%- C3%B5es. Acesso em: 10 out. 2023.

medida, os mesmos há quase quinhentos anos, desde 1427 até 2011.[6] O que esse estudo nos lembra? Que a lógica de concentração é um elemento natural e constitutivo do capitalismo. Ele só é limitado quando as lutas operárias paralisam a produção, bloqueiam estradas, quebram máquinas, lutam por outra forma de organizar o trabalho. Ou seja, há algo que podemos chamar de *núcleo feudal do capitalismo*. Para além de toda a sua conversa sobre mérito, há a preservação de privilégios feudais, pois, como disse anteriormente, o capital é uma classe que preserva seus rendimentos de geração em geração, que defende o "mérito" de ter nascido na "família certa" e herdado as redes de contato, de alianças e distinções que garantem um lugar na coluna social.

Essa dinâmica se acelerou a partir do início dos anos 1980, quando o impulso fornecido pelos modelos neoliberais implementados na Europa e nos Estados Unidos por Margaret Thatcher e Ronald Reagan levou a economia mundial a um desenvolvimento financeiro exponencial nos países centrais, enquanto deixava de lado as expectativas daquilo que ainda chamávamos nos anos 1960 de "sociedade do bem-estar social". Se, por um lado, "o capital conheceu durante esse período oportunidades múltiplas de investimento oferecendo taxas de lucros geralmente mais elevadas que em épocas anteriores",[7] por outro, a flexibilização do trabalho, o desenvolvimento tecnológico e o declínio das

---

[6] Baroni, Guglielmo; Mocetti, Sauro. Intergenerational mobility in the very long run: Florence 1427-2011. *Temi di Discussione (Working Papers)*, Roma: Istituto Nazionale di Statistica, n. 1060, 21 abr. 2016.

[7] Boltanski, Luc. *Le nouvel esprit du capitalisme*. Paris: Gallimard, 1999, p. 19.

políticas estatais de proteção provocaram uma situação potencialmente explosiva. Apenas um exemplo: enquanto o PIB norte-americano por habitante cresceu 36% entre 1973 e 1995, o salário por hora trabalhada de não executivos (que constitui a maioria dos empregos) caiu em 14%. No ano 2000, o salário real de não executivos nos Estados Unidos retornou ao que era cinquenta anos antes.[8]

Isso demonstra algo muito claro que indiquei anteriormente. O capitalismo é outro nome que damos para uma verdadeira guerra civil contra populações pobres. Sem a força das lutas operárias organizadas, ele se vê livre para impor níveis de concentração e acumulação que só são aceitos em meio a violência social e psíquica. Ele repete, assim, a todo momento, a história de seu começo. História chamada por Marx de "acumulação primitiva". Lembremos de uma frase fundamental sua sobre como o capitalismo se consolidou:

> O movimento histórico que transforma os produtores em trabalhadores assalariados aparece, por um lado, como a libertação desses trabalhadores da servidão e da coação corporativa, e esse é o único aspecto que existe para nossos historiadores burgueses. Por outro lado, no entanto, esses recém-libertados só se convertem em vendedores de si-mesmos depois de lhes terem sido roubados todos os seus meios de produção, assim como todas as garantias de sua existência que as velhas instituições feudais lhes ofereciam. E a história dessa expropriação

---

8 Ver Thurow, Lester. *Les fractures du capitalisme*. Paris: Village Mondial, 1997, p. 57.

está gravada nos anais da humanidade com traços de sangue e fogo.[9]

A relação capitalista pressupõe a separação entre trabalhadores e seus meios de produção, inclusive a terra. Assim, ela os separa das garantias de sua própria existência. Foi assim que apareceu historicamente o trabalho assalariado. Para que você não tivesse nada mais a não ser sua força de trabalho, a ser trocada por um salário que não garante vida digna alguma, populações precisaram ser expulsas de suas terras, submetidas ao endividamento crônico; as corporações de artesãos, destruídas; outras populações, colonizadas. Tudo à base da violência direta ou da escravidão. Principalmente, essas relações precisaram ser perpetuadas através do medo da pobreza, da degradação, da morte social. Marx parte do exemplo fornecido pela formação do capitalismo inglês, mas essa história se repetiu no mundo inteiro.

Marx não idealiza as relações de dominação direta e pessoal da época feudal. Mas ele sabe como a dominação impessoal e abstrata do trabalho assalariado, a perda dos vínculos de produção e a perda da autonomia relativa no território produzem algo ainda mais brutal. Produzem uma subjetividade marcada pela alienação, pelo medo e pela melancolia de quem perdeu seu lugar, de quem vê o mundo no qual trabalha como algo absolutamente estranho que nenhum discurso da "empresa como grande família" seria

---

9 Marx, Karl. *O capital – livro I: Crítica da Economia Política – O processo de produção do capital*. Tradução de Rubens Enderle, Celso Naoto Kashiura Jr. e Márcio Bilharinho. São Paulo: Boitempo, p. 789.

capaz de apagar. Por isso, essas colocações de Marx são profundamente atuais. Elas indicam as causas do sofrimento social de alienação que marcou e continua a marcar nossa existência no interior do capitalismo.

Os "vendedores de si mesmos" que vagavam pelas estradas, expulsos de suas terras, sem instrumentos de trabalho, sendo obrigados a trabalhar por salários miseráveis e em condições degradantes, agora se chamam "empreendedores de si".[10] Tais empreendedores nada têm – nem garantias trabalhistas, nem meios de produção, nem instrumentos, apenas seu tempo bruto de trabalho, tempo que nunca parece suficiente, pois eles sempre se encontram endividados. Uma sociedade rica é aquela na qual eu preciso trabalhar pouco para garantir minha sobrevivência social, não uma sociedade como a nossa, na qual se trabalha doze horas por dia e continua-se endividado.

Lembremos ainda que esse processo de acumulação primitiva do capitalismo exige não apenas a espoliação do trabalho pago, mas o uso do trabalho gratuito, seja como trabalho realizado por populações escravizadas, seja como trabalho não remunerado resultante da sujeição patriarcal das mulheres. Sem o uso não pago do trabalho doméstico, não computado nos custos de produção, não haveria acumulação de capital como a conhecemos. E lembro que o trabalho escravo existe até hoje: em fazendas, na construção civil, na indústria têxtil. Nada do que Marx uma vez descreveu passou. Apenas ganhou novas formas.

---

10 Ver Safatle, Vladimir; Dunker, Christian; Silva Júnior, Nelson. *Neoliberalismo como gestão do sofrimento psíquico*. Belo Horizonte: Autêntica, 2021.

O chamado "problema do identitarismo"

Mas as discussões sobre igualdade hoje se confrontam ainda com outro tipo de problema, produzido pelo que alguns preferem chamar de "lutas identitárias". Ser contra essas lutas ou a favor delas é o que mobiliza atualmente boa parte dos debates que atravessam a constelação progressista. Mas, de todos os problemas que a esquerda atual enfrenta, esse talvez seja o mais malposto, o mais mal articulado. E, quando se articula mal um problema, nunca é possível encontrar uma boa solução. Por isso, provavelmente a melhor coisa seja desconstituí-lo. Um pouco de dialética nunca fez mal a ninguém.

Talvez fosse então o caso de dizer que há e não há um problema chamado "identitarismo". "Não há" porque ele não estabelece um horizonte específico de problemas políticos. Antes, o que chamamos de "identitarismo" é um risco que acomete toda e qualquer luta política, não apenas lutas em que raça e gênero sejam os eixos fundamentais. Por exemplo, podemos ter lutas nacionalistas identitárias, lutas religiosas identitárias, até mesmo lutas proletárias identitárias. É possível que lutas de classe se tornem identitárias, o que nos lembra que a distinção não é necessariamente entre classe, de um lado, e raça e gênero, de outro. Degradar a classe a um marcador identitário, por exemplo, é algo que ocorre todas as vezes que não a compreendemos mais como um operador político de luta sempre em ampliação, mas como um determinador prévio de identidade atributiva. Assim, alguém de classe média baixa poderá não ser visto como da mesma classe que alguém da classe baixa; alguém que mora na área menos degradada da periferia não será da mesma classe de alguém que mora em uma favela; e assim vai, até o embotamento final do potencial de luta. Ou seja, temos degradações identitárias todas as vezes que as lutas sociais são feitas a partir da solidariedade exclusiva com "os que são como nós" (sendo que é sempre possível excluir um pouco mais os que são "como nós" de acordo com a conveniência do momento), e não com "todos os que queiram lutar conosco, independentemente de onde tenham vindo e que história tenham". Elas deixam, assim, de ser capazes de ampliar a experiência de justiça em um escopo genérico e se tornam lutas que, ao final, se tornarão lutas pela preservação de fronteiras, marcadores de defesa, traços supostos de identidade coletiva sempre revistos a partir do interesse do momento.

Tal degradação identitária ocorreu muitas vezes porque populações oprimidas e violentadas podem criar vínculos a partir da partilha do trauma coletivo de forma tal que a experiência do trauma não se torne uma sensibilidade geral a toda e qualquer forma de opressão, mas uma autorização para a autodefesa de toda e qualquer forma. A partilha do trauma se torna assim elemento constituinte de uma identidade defensiva, bélica e sempre ameaçada. Conhecemos atualmente casos exemplares nesse sentido, e lembraria aqui do destino do Estado de Israel e sua política genocida contra os palestinos, caso no qual o Estado se torna o gestor do trauma social, com as consequências explosivas que conhecemos. Elas nos lembram o tipo de catástrofe que a identidade pode produzir em política. E todos os que acreditam que a identidade deve ser um operador central da política deveriam meditar com atenção e vagar sobre o genocídio em Gaza.

No entanto, "há", sim, um problema atualmente designado por alguns como "identitarismo", que indica questões fundamentais para as lutas por igualdade radical. Atualmente, muitos se referem a "identitarismo" simplesmente para desqualificar lutas que questionam práticas seculares de exclusão naturalizadas sob as vestes de discursos universalistas. Assim, na perspectiva desses críticos, as lutas ligadas a movimentos feministas, negros, LGBTQIA+ seriam em larga medida "identitárias" porque visariam, na verdade, criar uma nova geografia estanque de lugares de poder. Lugares esses indexados por identidades específicas. No entanto, vários sujeitos organicamente vinculados a essas lutas lembrariam que até para o não cristão vale o dito do Evangelho: "Tira primeiro a trave do teu olho, e então poderás ver com clareza para tirar o cisco do olho de teu irmão".[11] Ou seja, antes de acusar qualquer um de regressão identitária, seria o caso de começar por se perguntar sobre o identitarismo naturalizado pela hegemonia de uma história violenta de conquistas e sujeição operada, majoritariamente, por brancos europeus.[12]

Esse ponto deve ser levado em conta. Não se trata de dizer que a naturalização de identidades e suas fronteiras é o horizonte efetivo das lutas que nos atravessam, mas que falar em qualquer experiência de universalidade concreta

---

11 Mateus 7:5.

12 Desenvolvi isso de forma mais sistemática no tópico "identidade" de Safatle, Vladimir. *Alfabeto das colisões: filosofia prática em modo crônico*. São Paulo: Ubu, 2024.

está interditado até que o foco mais forte de identidade seja deposto, e esse foco encontra-se normalmente do lado dos que atacam certas lutas sociais por serem "identitárias". Seria o caso de lembrar que o universalismo nunca até agora existiu, a não ser de maneira frágil e intermitente no interior de processos revolucionários como a Revolução Haitiana, a Comuna de Paris, os primeiros anos da Revolução Russa. Horizontes esses que não são aqueles normalmente reivindicados pelos que se apresentam como defensores dos "universalismos" de nossas instituições atuais contra os pretensos identitários. Nesse sentido, podemos mesmo dizer que as ditas "lutas identitárias" são, na verdade, universalistas, pois clamam que o universalismo concreto ainda não existe e, para existir, falsas universalidades devem ser depostas. Elas deveriam ser entendidas dessa forma, e nos lembram que a naturalização de marcadores de violência contra raça, gênero, religião, orientação sexual, sujeição colonial, impede qualquer advento de um universalismo real. Quem fala atualmente em nome de um universal supostamente realizado ou em vias de se realizar no interior de nossa estrutura institucional mente. Essa é uma lição elementar, e muito me admira que pretensos arautos do universalismo se esqueçam dela.

Mas, por outro lado, é fato que a esquerda muitas vezes se serviu dessas lutas hoje chamadas de "identitárias" para esconder de si mesma sua impotência – ou seja, é necessário dar ainda outra volta no parafuso para entender melhor o problema. A própria esquerda aprendeu, nesses últimos tempos, a usar as pautas ditas identitárias para esconder de si mesma que não tem mais nada a oferecer de transformação efetiva. Assim, empurra essas pautas para serem veículos de dinâmicas de integração a uma sociedade completamente desintegrada, de reconhecimento em uma sociedade que não é capaz de assegurar nada mais que o aprofundamento de dinâmicas de espoliação e sofrimento social. A tendência de vários dos movimentos sociais que sustentam essas pautas é, atualmente e em larga medida, serem sócios do poder de estado, fiadores de governos para os quais eles não representam mais um sistema necessário de pressões externas.

Nesse momento, as lutas "identitárias" se tornam pautas desesperadas por integração. É como se devêssemos aceitar que rupturas na ordem capitalista estão fora de discussão, que a luta pela realização concreta de macroestruturas de proteção não será mais o horizonte e que agora a luta é por criar um capitalismo mais humano, mais diverso, com representantes de setores vulneráveis em comitês de diversidade de grandes empresas, em publicidade de automóveis vendidos por ativistas, em espaços de celebração da cultura (ou de cultura da celebração) e em capas da *Forbes*. Não, isso não é uma vitória. É uma capitulação.

Assim, em um horizonte de máxima desintegração social, é possível que grupos procurem se organizar para criar a ilusão de que há uma ascensão social viável dentro de nosso modelo. Setores da população atendidos por políticas públicas ligadas a raça e gênero podem começar a crer que há espaço de integração, mesmo que tais políticas, por não mudarem estruturas de produção e dinâmicas de concentração, tendam, a médio e longo prazo, a beneficiar apenas uma pequena parcela desses grupos, o que criará nova sequência de problemas e frustrações, como vemos na África do Sul com sua classe dirigente negra e sua imensa parcela da população negra estacionada em condições de pobreza para sempre.[13]

E, como se não bastasse, há de se lembrar que trabalhadores e trabalhadoras não atendidos diretamente por tais políticas públicas irão experimentar um aumento significativo de sua vulnerabilidade real diante de um cenário de desagregação capitalista global. Eles tenderão a exigir garantias de que não serão esquecidos no interior das novas configurações de proteção social. Mas a esquerda atual tem dificuldade orgânica em escutar isso. A verdade é que tais garantias não são visíveis. Antes, a esquerda prefere culpabilizar tais trabalhadores e trabalhadoras com o estigma de ressentidos que perdem privilégios, mesmo se tratando de trabalhadores empobrecidos e vulneráveis.

Quando fiz campanha, em 2022, para o Congresso Nacional, chamou a atenção uma colocação de um motorista de Uber em um de nossos trabalhos de *focus group* sobre o comportamento de eleitores de extrema direita. Questionado sobre a razão de suas escolhas, ele dissera: "Sabe por que não voto na esquerda? Porque sou homem, branco, hétero, trabalho doze horas por dia, não tenho seguro de nada – se adoecer ou meu carro quebrar, vou ter que me virar sozinho –, e vocês falam comigo só como se eu fosse um opressor". Poderíamos ver nisso alguma forma de racionalização de sentimentos profundos de ressentimento. Ou poderíamos ver em colocações dessa natureza a expressão da consciência

---

13 Ver Oliveira, Francisco (et al.). *Hegemonia às avessas*. São Paulo: Boitempo, 2010.

da incapacidade real da esquerda atual de apresentar ações robustas e críveis para problemas de precarização e vulnerabilidade social que englobem todos. A extrema direita tem uma resposta coerente para esses problemas: "Deixem cada um por si e tirem governos que atrapalham com regulações e 'privilégios'". Essa é uma resposta falsa, mas coerente. Contudo, por sua vez, as correntes progressistas não têm respostas que realizem efetivamente o que prometem.

E queria ainda salientar outro ponto, pressuposto nessa fala. Laços políticos devem sempre ter um protocolo de perdão e redenção. Esse é um elemento fundamental para sua unidade e capacidade de ampliação. Pessoas que erraram, agiram mal, participaram de rituais de opressão, por mais abomináveis que tenham sido, quando exprimem arrependimento real devem ter seu arrependimento reconhecido. O perdão deve poder circular quando ele é invocado por quem se perdeu em suas ações. A força emancipatória do laço político não está em seu punitivismo cada vez mais ampliado e sem saída, mas em sua capacidade de redimir pessoas, de dar a elas as condições e a escuta para que sejam diferentes do que foram até agora. Falamos muito da força das igrejas evangélicas. Bem, um dos segredos dessa força está exatamente aí. Mesmo os que cometeram crimes terríveis podem se arrepender e encontrar lugar na comunidade da fé, viver uma "nova vida". A comunidade não os expulsa. Se a política quiser vencer a religião, ela deve ser capaz de fazer uma operação semelhante. Não se deve tirar das pessoas a possibilidade de um segundo começo, fazendo-as para sempre marcadas por seus tropeços. Não se deve tirar delas a possibilidade do esquecimento social dos erros. Pois, em uma realidade de opressão estrutural, inexiste quem não possa ser legitimamente acusado. Isso nada tem a ver com, como se diz hoje, "passar pano", mas com dar valor social à palavra de arrependimento, permitir que ela circule, que seja escutada e reconhecida.

A equação da indiferença

Terminaria este capítulo insistindo no fato de uma esquerda que não teme dizer seu nome procurar sustentar a bandeira da igualdade radical e do universalismo por vir. Voltemos à estratégia de deslocar o eixo do político para uma dinâmica de afirmação das diferenças e de grupos socialmente minorizados. Essa era uma forma de *universalizar direitos* para grupos marginalizados (negros, comunidade LGBTQIA+, imigrantes etc.). Mas a questão central aqui era *a constituição de uma universalidade verdadeiramente existente na vida social*, não o reconhecimento de que a sociedade é composta de grupos distintos fortemente organizados do ponto de vista identitário. *A política descentra os sujeitos de suas identidades fixas*, abrindo-os para um campo produtivo de indeterminação e metamorfose.[14] Identidades podem ter uma função provisória importante por permitirem a consolidação de vínculos a partir de experiências partilhadas de violência e trauma social. Não faz sentido fazer uma crítica abstrata

---

14 Sobre o conceito de "experiência produtiva de indeterminação", ver Safatle, Vladimir. *Grande Hotel Abismo: por uma reconstrução da teoria do reconhecimento*. São Paulo: Martins Fontes, 2012.

e genérica da identidade. No entanto, a partilha do trauma deve ser o impulso para exigir uma universalidade por vir baseada na capacidade de sermos afetados por quem não partilha nossa história, nem se parece conosco, mas faz parte de uma concepção de sociedade que não se limita a fronteiras de comunidades, estados e nações. O que tem acontecido muitas vezes é outra coisa: passar do trauma ao medo de voltarmos a ser objeto das mesmas violências. E, onde o medo impera, não há liberdade alguma.

O capitalismo criou um sistema de conexão geral. Meu destino depende tanto dos chips criados no Vale do Silício quanto dos trabalhadores que fazem roupas em Bangladesh. E não só: ele depende também das árvores derrubadas no Pará, dos rios envenenados pela mineração em Minas Gerais e na Austrália. Nossa sociedade não é apenas uma sociedade global de humanos, ela é um sistema global de relação entre humanos e não humanos. Mas essa sociedade global não consegue ainda existir como força política porque estamos submetidos a uma lógica geral da identidade como modelo privilegiado de defesa. Lutar por uma sociedade como sistema global de relações significa aceitar que há um universalismo por vir que será indiferente às diferenças porque as aceitará e será igualitário por entender que tal aceitação só poderá efetivamente ocorrer lá onde as relações de hierarquia e dominação nos campos da linguagem, do desejo e do trabalho forem depostas.

Inclusive, uma sociedade igualitária não pode existir quando as coisas e os não humanos existem apenas sob a lógica da propriedade. Liberar os humanos da noção de propriedade é uma tarefa só completada quando liberarmos também as coisas e os não humanos da condição de propriedade. Costuma-se dizer que o que é de ninguém se degrada, ninguém cuida. Na verdade, a história mostrou o contrário: o que é de ninguém se preserva, é objeto de cuidado coletivo. As florestas amazônicas não foram propriedade durante séculos e se preservaram, foram cuidadas como jardins sem grades. Foi apenas quando elas começaram a ser vistas como propriedades sujeitas à extração do valor que foram destruídas. Isso deveria nos dizer algo a respeito da força do comum, do impróprio, da capacidade de se relacionar com o que não é meu e que não porta a imagem do seu pretenso proprietário.

SOBERANIA POPULAR

"O medo do caos, em música como na psicologia social, é superdimensionado."

Theodor Adorno

Igualdade radical e soberania popular: como disse, esses são os dois eixos para uma esquerda que não teme dizer seu nome. Entender que a soberania popular é o fundamento do exercício do poder político não significa simplesmente defender a tese vazia de que todo o poder emana do povo e em nome dele será exercido. Afinal, por que o povo deveria ter "representantes" que se julgam no direito de falar por ele? Quanta distorção a representação necessariamente produz? E, mais ainda, o que deveríamos entender exatamente por "povo"? Onde ele está?

Essas perguntas nos lembram que defender a centralidade da soberania popular implica repensar certos consensos atualmente partilhados também pela constelação de progressismos. O principal deles consiste em aceitar, sem maiores reservas, uma política baseada na representação, na melhor "representatividade", na estabilidade das instituições e mesmo no primado do que entendemos por "Estado democrático de direito". É verdade que colocar as coisas nesses termos parece necessariamente nos levar a uma pergunta do tipo: mas abandonar tais consensos não seria, no fundo, um convite ao autoritarismo? Afinal, questionado o princípio da representação, como seria possível gerir conflitos sociais de forma democrática? Questionado o Estado democrático de direito, como ficariam as garantias de que não terminaríamos sob o poder do mais forte? Não seriam instituições fortes que fundamentam as garantias de integridade pessoal, de respeito à diferença e tolerância a formas de vida distintas em uma sociedade plural?

Há várias maneiras de discutir tais questões, mas eu gostaria de começar por trazer aqui considerações de alguém com quem não concordo sob vários aspectos, mesmo que, nesse ponto, nossas posições sejam parecidas. Mobilizar a compreensão de alguém com quem temos divergências é uma maneira de mostrar como a consciência de certos problemas comuns pode atravessar perspectivas distintas. Eis a citação:

> Mas o Estado democrático excede os limites tradicionalmente atribuídos ao Estado de direito. Experimenta direitos que ainda não lhe estão incorporados, é o teatro de uma contestação cujo objeto não se reduz à conservação de um pacto tacitamente estabelecido, mas que se forma a partir de focos que o poder não pode dominar inteiramente.[1]

---

1 Lefort, Claude. *A invenção democrática*. Tradução de Maria Leonor F. R. Loureiro e Isabel Loureiro. São Paulo: Brasiliense, 1983, p. 46.

Quem diz essas frases não é um adepto da esquerda revolucionária à procura do melhor momento para solapar as bases do Estado de direito. Essas são frases de Claude Lefort em *A invenção democrática*, um livro largamente dedicado, ao contrário, à crítica das sociedades burocráticas no antigo Leste Europeu. Lembro delas aqui por sintetizarem algumas reflexões importantes sobre a relação intrincada entre *justiça* e *direito* que nos permitem começar a melhor entender o que significa defender a centralidade da soberania popular atualmente.

Dizer que a democracia excede os limites tradicionalmente atribuídos ao Estado de direito significa admitir que as leis e instituições que temos atualmente não podem definir os limites de nossas ações políticas. Muitos gostam de dizer que, no interior da democracia, toda forma de violação do Estado de direito é inaceitável. Mas o direito é fruto de uma negociação tensa e violenta feita a partir da configuração de forças sociais em vigência no momento em que o legislador atua. Por isso, o direito em nossas sociedades é uma construção heteróclita, na qual leis de vários matizes convivem formando um conjunto profundamente instável e inseguro. Por exemplo, nossa constituição de 1988 não teve força para mudar vários dispositivos legais criados pela constituição totalitária de 1967, principalmente os referentes a questões de segurança nacional e à função das Forças Armadas. Ainda somos julgados por tais dispositivos.

Mas, se assim for, não seriam certas "violações" do Estado de direito condições para que exigências mais amplas de justiça se façam sentir? Foi pensando em situações como essa que alguém como Jacques Derrida afirmou ser o direito, por definição, "desconstrutível", ou seja, ele pode a todo momento ser desfeito por exigências mais amplas de justiça, pode ser criticado a fim de expormos as superestruturas que "ocultam e refletem, ao mesmo tempo, os interesses econômicos e políticos das forças dominantes da sociedade".[2] Afinal, quem pode dizer, em sã consciência, que tais forças não agiram e agem para criar, reformar e suspender o direito? Quem pode dizer, em sã consciência, que o embate social de forças na determinação do direito termina necessariamente da maneira mais justa? Por isso, *nenhum ordenamento jurídico pode falar em nome do povo*. Ao contrário, o ordenamento jurídico deve reconhecer sua própria fragilidade, sua incapacidade de ser a exposição plena e permanente da soberania popular.

Isso nos leva a defender que a democracia admite o caráter provisório, limitado e problemático do direito, e ela o admite através do reconhecimento daquilo que poderíamos chamar de legalidade da "violação política". Pacifistas que sentam na frente de bases militares a fim de impedir que armamentos sejam deslocados (afrontando assim a liberdade de circulação); ecologistas que seguem navios cheios de lixo radioativo a fim de impedir que ele seja despejado no mar, que sabotam gasodutos; ativistas que ateiam fogo em estátuas de bandeirantes e outros genocidas; trabalhadores e trabalhadoras que fazem piquetes em frente a fábricas, que bloqueiam a produção e a circulação, que tomam fábricas,

---

[2] Derrida, Jacques. *Força de lei*. São Paulo: Martins Fontes, 2000. Neste texto, Derrida traz uma ideia muito forte: "Quero logo reservar a possibilidade de uma justiça, ou de uma lei, que não apenas exceda ou contradiga o direito, mas que talvez não tenha relação com o direito, ou mantenha com ele uma relação tão estranha que pode tanto exigir o direito quanto excluí-lo" (p. 58).

que fazem greves gerais que lhes permitam negociar com mais força exigências de melhoria de condições de trabalho; cidadãos que protegem imigrantes sem papéis; ocupações de prédios públicos feitas em nome de novas formas de atuação estatal; trabalhadores sem-terra que invadem fazendas improdutivas, populações periféricas que se autodefendem da violência policial – em todos esses casos, o Estado de direito é quebrado em nome de um embate em torno da justiça. No entanto, é graças a ações como essas que direitos são ampliados, que a noção de liberdade ganha novos matizes. Sem elas, certamente a exclusão social seria significativamente pior. Nessas horas, encontramos um dos pontos de excesso da justiça em relação ao direito.

Uma sociedade com medo desses momentos procura reduzir a política a um mero acordo referente às leis vigentes e aos modos disponíveis para mudá-las, como se a forma atual da estrutura política fosse a melhor possível. No fundo, é uma sociedade com medo da política e que gostaria de substituí-la pela polícia, pois a violação política nada tem a ver com a tentativa de destruição física ou simbólica do outro, como vemos na violência estatal contra setores descontentes da população ou em golpes de Estado. Antes, é a força da urgência de exigências de justiça.

Mas seria o caso de ir mais longe em nossa defesa de um ponto de excesso da justiça em relação ao direito. Se nossas leis e instituições refletem interesses que procuram garantir suas condições ideais de reprodução, se esses interesses dizem respeito à preservação de uma sociedade profundamente desigual, cuja igualdade formal visa simplesmente esconder como a desigualdade se preserva a partir do acesso a um bom advogado, restrito a alguns, da jurisprudência constituída, que sempre privilegiou quem já tem privilégios, da formação aristocrática dos juízes, das relações orgânicas entre a classe dos funcionários do judiciário e os detentores do poder econômico e político, do racismo e sexismo naturalizados pela sociedade, das necessidades de opressão e medo que a exploração do trabalho no capitalismo exige, então, o povo só pode manifestar como força soberana, atualmente, como um *poder destituinte*, ou seja, como poder que destitui instituições e leis, como o poder dos que não se identificam mais com as formas da ordem atual. O que não poderia ser diferente porque, até agora, como diziam Gilles Deleuze e Félix Guattari em uma bela formulação, *o povo falta*.[3] Isso pode ser entendido de várias formas, entre elas, a de que as leis e instituições que conhecemos não foram feitas *pelo* povo, mas em larga medida *contra* ele. Na escrita das leis, na afirmação soberana da capacidade de criar leis, o povo não estava lá. Em algumas circunstâncias, o poder popular conseguiu garantir certos espaços legais, algumas leis favoráveis, graças à força das lutas operárias, das lutas indígenas, das lutas das mulheres e de várias outras lutas, mas invariavelmente tais conquistas foram frágeis, provisórias, revogáveis, precárias. Porque não pode haver soberania popular real e estável se a sociedade não se organiza através do princípio de igualdade radical.

Falar em poder destituinte significa então reconhecer uma força de negação que não é destruição simples, mas que

---

3 Deleuze, Gilles; Guattari, Félix. *Mille Plateaux*. Paris: Minuit, 1980, p. 427. (tradução minha)

é destruição como condição para a emergência de algo fundamental para uma práxis de transformação social, a saber, a força messiânica de quem afirma "não sou deste mundo", "nosso mundo ainda está para ser criado". Mas, para isso, é necessário primeiro desamparar-se deste mundo que conhecemos. Por isso, ser um poder destituinte não é mero exercício de destruição. Nunca na história forças populares agiram como "pura destruição". Momentos caracterizados por historiadores conservadores como de grande destruição (como a Revolução Haitiana, a Comuna de Paris, a revolta indígena liderada por Tupac Amaru, o jacobinismo) foram, na verdade, momentos de liberação da imaginação coletiva, da criação social. Por exemplo, os responsáveis pelo "terror" jacobino foram os únicos atores da Revolução Francesa que levaram a sério o princípio de universalidade e aboliram a escravidão. Robespierre foi o único a ter coragem de dizer aos escravocratas: "que pereçam suas colônias, ao invés de perecer um princípio".[4] Tanto foi assim que, após a derrocada dos jacobinos, a França reinstaurou a escravidão, tornando-se o único país do mundo a precisar aboli-la duas vezes.

Insistiria nesse ponto, pois destituir é, e creio que compreender isto é muito importante, destituir a força do que nos limita a fim de criarmos as condições para liberar a potência da imaginação. Sem tal destituição, a imaginação será apenas a atualização das condições já previamente autorizadas pelas normas, regras e leis vigentes.

---

[4] Ver Robespierre, Maximilien. *Pour le bonheur et pour la liberté: discours*. Paris: La Fabrique, 2000.

Onde está o povo?

Por essa razão, devemos colocar as considerações sobre a soberania popular em perspectiva histórica. Levá-la em conta nos mostra como, até hoje, a soberania popular foi uma força exterior ao campo institucional da política; força que se manifesta através de revoltas, insurreições, revoluções, direito de resistência e mesmo crimes, ao menos do ponto de vista da lei instituída. Para quem se assusta com essa palavra nesse contexto, seria o caso de lembrar que, por exemplo, fazer greve era crime tipificado por lei havia décadas, mas foi graças a um crime como esse que não estamos trabalhando quinze horas por dia (ao menos por enquanto).

Aqui, faz sentido retomar a questão: quem é o povo? Essa pergunta é importante para entendermos o que chamamos de soberania popular. O povo é a maioria numérica que se expressa em um embate eleitoral? São os pobres? Os ouvintes de Beyoncé, de música sertaneja? Afinal, de quem estamos realmente falando? Em toda representação da construção de um Estado-nação, há figuras míticas da soberania popular, retratadas como "pessoas simples do nosso povo", comandando libertações. Há o "povo brasileiro", o "povo alemão", o "povo chileno", e por aí vai. Contudo, esse povo com cara de Estado-nação fica lá, adornando constituições e sendo silenciado, aprisionado ao lugar de "força indireta" mediada por pretensos portadores de representatividade. É uma espécie de fonte de poder a ser nomeada sem nunca estar efetivamente presente. Essas figuras constituem o povo?

Marx tinha uma maneira astuta de definir quando o povo aparece como sujeito político dotado de força de transformação em direção à emancipação social, e não como força reativa, reacionária e conservadora – o que, vale lembrar, ocorre inúmeras vezes, pois há povo nas bases da extrema direita e havia no fascismo. Para Marx, o povo como sujeito político com força emancipatória está presente apenas quando se afirma como proletariado. E proletariado não se define apenas como a classe daqueles que possuem unicamente sua força de trabalho para vender em troca de um salário. É também quem passou por um processo profundo de *des-identificação* generalizada com lugares naturais, instituições e práticas de reprodução material da sociedade burguesa. É quem se afirma sem ter lugar, pois o *processo revolucionário* é o convencimento da ausência do pertencimento social enquanto força de transformação, exigindo a mobilização através da consciência da despossessão. Só sujeitos despossuídos, no sentido mais geral do termo, podem agir politicamente de maneira efetiva. Lembremos de uma das passagens mais importantes do *Manifesto comunista*:

> O proletário é desprovido de propriedade; sua relação com mulher e crianças não tem mais nada a ver com as relações da família burguesa; o trabalho industrial moderno, a moderna subsunção ao capital, tanto na Inglaterra quanto na França, na América quanto na Alemanha, retiraram dele todo caráter nacional. A lei, a moral, a religião são para ele preconceitos burgueses que encobrem vários interesses burgueses.[5]

---

[5] Marx, Karl. *Manifest der Kommunistischen Partei*. Disponível em: https://www.marxists.org/deutsch/archiv/marx-engels/1848/manifest/. Acesso em: 30 jan. 2025. (tradução minha)

Ser desprovido de propriedade não se resume à falta de bens materiais e riquezas. Trata-se, sobretudo, de ter nada que lhe seja próprio e que o vincule à reprodução da ordem social e de suas instituições, como nação, moral, religião e família. Ou seja, mais do que uma característica sociológica, Marx está a falar de uma disposição política. O proletariado é aquele que conhece bem a relação profunda entre reprodução da sociedade e sofrimento social; ele sente a alienação a que estamos sujeitos ao entrarmos na família, na nação, na moral, na indústria e na religião. Mas ele faz da escuta desse sofrimento uma força de des-identificação, de não querer mais fazer parte desse mundo e de não acreditar mais em suas promessas de integração. Sua capacidade de dizer "não" não é mera recusa, mas força de criação.

Por isso, a verdadeira história da soberania popular é uma história composta de revoltas e revoluções, e essa é a história da qual somos legatários. A constituição norte-americana começa com a famosa frase: "Nós, o povo". Seria interessante se perguntar sobre quais habitantes daquelas terras estavam excluídos desse "nós" e continuaram assim por séculos. Poderíamos mesmo dizer que o povo não se confundia com os proprietários de terras que diziam "nós, o povo", e foi essa disparidade que marcou a história por aquelas bandas. Foi contra os que diziam, com o amparo das leis, "nós, o povo", que o povo nas terras dos Estados Unidos existiu e continua a existir.[6]

---

[6] Ao contrário do que pensa Arendt, Hannah. *Sobre a revolução*. Tradução de Denise Bottmann. São Paulo: Companhia das Letras, 2011.

Seria o caso ainda de lembrar que, ao menos no Ocidente, a história moderna da soberania popular começa com uma revolta religiosa, o que nos lembra que pode haver, sim, uma força teológico-política a animar a política emancipatória.[7] A teologia-política pode servir não como uma *força de separação* de um poder que institui um soberano acima do corpo social, mas, ao contrário, como *força de encarnação* do poder no aqui e agora.[8] Uma encarnação que ressignifica aquilo que, até então, era considerado desprovido de valor e dignidade. A teologia é uma forma de elaborar o que ainda não está presente em nosso mundo e ela pode ter tanto uma função reacionária de separação e paralisia quanto uma função emancipatória de encarnação.

Esse argumento está presente em *As guerras camponesas na Alemanha,* de Friedrich Engels.[9] Para ele, a Reforma Protestante teve uma dupla face. Lutero e Calvino consolidaram um quadro social de burguesia em ascensão contra o poder central do papado, mas reformadores radicais como Thomas Müntzer constituíam uma vertente protoproletária da Reforma. Müntzer liderou uma revolta camponesa em 1525, vista como o começo da longa história das revoltas e

---

[7] Poderíamos lembrar de discussões sobre o poder popular na Antiguidade greco-romana, mas elas são anteriores à consolidação da noção política de soberania, que precisará esperar ao menos até a baixa Idade Média, principalmente a partir dos trabalhos de Jean Bodin e, posteriormente, Hugo Grotius, Thomas Hobbes e Samuel Pufendorf. Uma boa discussão pode ser encontrada em Bourke, Richard e Skinner, Quentin (org.). *Popular sovereignty in historical perspective*. Cambridge: Cambridge University Press, 2016.

[8] Ver Tronti, Mario. *Teología política*. Buenos Aires: Prometeo, 2023.

[9] Engels, Friedrich. *As guerras camponesas na Alemanha*. São Paulo: Expressão Popular, 1985.

revoluções pela realização da soberania popular. Nela, aparece a energia negativa das classes subalternas contra as estruturas prévias do poder e o desejo por uma nova forma de existência, no caso, uma realização imediata do Reino de Deus na Terra. A ideia revolucionária é que o Reino dos Céus não está reservado para depois, mas é aqui e agora.

Essa afirmação lembra que, nessa representação de uma sociedade reconciliada, "toda propriedade deve ser comum e distribuída a cada um de acordo com suas necessidades, de acordo com o que a ocasião requeira".[10] Ou seja, no Reino dos Céus, todas as pessoas são iguais. Nesse sentido, as exigências camponesas de fim das relações feudais e de servidão, diminuição dos impostos sobre a terra e a liberdade para caçar nas florestas da nobreza exprimiam um horizonte claramente revolucionário de igualdade radical baseada na ressurgência do modelo das primeiras comunidades cristãs.[11] Essas experiências serão momentos indissociáveis do longo caminho de consolidação da noção de "soberania popular" ou da força de um povo que ainda não conseguiu se colocar como poder constituinte. Não por acaso, ele precisará se servir de uma lei "fora do mundo".

De acordo com esse ponto de vista, a discussão moderna sobre a soberania popular teria nascido de uma maneira muito singular. Ela teria contraposto à soberania divina dos reis a encarnação da soberania em um povo que se caracteriza

---

10 Cf. Müntzer, Thomas. *Sermon to the princes*. Londres: Verso, 2010, p. 96. (tradução minha)

11 Para a compreensão da potência comunista revolucionária das revoltas camponesas, ver Bloch, Ernst. *Thomas Münzer: teólogo da revolução*. Tradução de Vamireh Chacon e Celeste Aída Galeão. Rio de Janeiro: Tempo Brasileiro, 1973.

por defender o bem comum e o desejo de não ser mais explorado. Ela contrapõe à representação de uma divindade que não está lá a encarnação de um poder que está presente em todos os que até agora foram apagados e esquecidos.

Insisto nessa matriz teológica da soberania popular para lembrar que a política emancipatória sempre precisa do desejo de "recusa do mundo", mas não como ascese. A política rouba da teologia esse desejo para produzir algo de que só ela é capaz, a saber, uma força para a realização imediata de outro mundo, esse caracterizado pela igualdade. Como Prometeu, a política literalmente rouba dos deuses o fogo e o entrega aos humanos. Ela desampara os sujeitos das instituições e formas de vida hegemônicas entre nós para levar-lhes a coragem de afirmarem a possibilidade daquilo sobre o que ainda não temos imagem ou figura. Em um momento como o nosso, no qual a religião interfere cada vez mais na política para mostrar sua face reacionária, devemos entender que só podemos contrapô-la através de outra teologia, na qual a soberania popular de um povo animado pelo desejo de igualdade radical, de fim das hierarquias, desempenha papel revolucionário.

Contra a representação

Deixe-me então explorar mais essa ideia de soberania popular própria a um povo animado pelo desejo de igualdade radical. Insisti que essa soberania não pode encontrar lugar no sistema de instituições e normas que garante e preserva uma sociedade desigual. Isso nos lembra como devemos dirigir nossos olhos para outras dimensões da ação política que não fundaram ainda instituições. Nesse sentido, fica a questão sobre qual é, afinal, a função de uma política institucional de esquerda. Uma resposta possível é: forçar por dentro a destituição das instituições da democracia parlamentar a fim de que o poder retorne ao exercício direto das populações. Isso significa que nosso real objetivo não é fazer as instituições atuais "funcionarem bem", independentemente do que isso possa realmente significar. Nosso real objetivo é transferir o poder para mecanismos de democracia direta. Nossa agenda consiste em *superar a democracia parlamentar através da pulverização de mecanismos de poder de participação popular*.

Pois insistamos em um ponto que a esquerda do final do século XX fez questão de esquecer, a saber, o de que a soberania popular não se representa. Um povo livre nunca delega sua soberania para quem quer que seja. Ele a conserva sempre junto a si. Passar sua soberania para outro é perdê-la. É como passar minha vontade a um outro e esperar que a vontade do outro tenha alguma forma de identidade absoluta com a minha. É como se alguém me perguntasse "o que você quer?", e eu dissesse: "Pergunte ao meu representante, pois ele fala no meu lugar". Não há "melhor representatividade" que corrija esse tipo de mistificação grosseira, de roubo de soberania. Fazer da luta política uma luta por melhor representatividade é só uma das degradações que acometem atualmente setores hegemônicos da esquerda.

O problema da representação é uma variante do problema da escolha forçada. Quem define o campo da representação política define quem pode falar, quem deve ser excluído, como se deve falar, o que deve ser entendido como "uma fala". Sobretudo, define as regras que os representantes devem seguir, o que é permitido fazer e o que não é. Ou seja, define os filtros que organizarão os campos de escolhas, quem pode existir politicamente e quem não pode. A representação não é neutra, ela é uma gramática dentre outras possíveis, e muito mais permeável a distorções do tipo: quem já ocupava o lugar de "representante" tende a preservar seu lugar, assim como o filho, a filha, o primo, a tia, a mulher do representante, impondo um familiarismo feudal no interior da democracia parlamentar; quem tem maior capacidade de financiamento tem mais visibilidade; quem tem mais proximidade com instituições, associações e estruturas já existentes tende a ser mais "representativo". Diante de tudo isso, não é difícil entender por que a democracia parlamentar tem que conviver com níveis sempre elevados de votos brancos e nulos. Houve época em que havia gente a acreditar que isso significava que as pessoas estavam satisfeitas com a democracia e que elas preferiam fazer outra coisa a votar. Cada um tem a ilusão que melhor lhe convém.

Na verdade, livrar-se do fetiche da representação permitiria lutar por um Estado que deixasse de ser o espaço de deliberação política para ser um mero espaço de implementação de deliberações que ocorrem em seu exterior. Tais deliberações políticas deixam de se dar no interior do Estado e de seu corpo de gestão para se dar em assembleia popular, em conselhos, através de plebiscitos, consultas diretas. Insistiria nesse ponto porque acreditar que podemos "governar" respeitando os marcos institucionais da governabilidade atual é a pior de todas as ilusões. A "democracia" atual é ingovernável, a não ser através da violência policial e da anestesia cultural. A verdadeira transformação consiste em mudar a maneira de governar e decidir, consiste em entender que governar é, na verdade, garantir as condições para que as pessoas governem a si mesmas. Não podemos continuar decidindo da mesma maneira e acreditar que produziremos algo novo.

No fundo, algo parecido já está presente no pensamento liberal, mesmo que de maneira velada. No entanto, a exterioridade do Estado que delibera e o obriga a implementar suas decisões é o mercado: uma instância antipolítica, anti-igualitária e organizada a partir da lógica da concentração e do monopólio. Em uma verdadeira democracia, o mercado é calado, e tal exterioridade é recuperada pela soberania popular direta, dos que não existem apenas sob a condição de proprietários.

Diante disso, há sempre os que questionam: "Como passar decisões técnicas sobre orçamento, gastos etc. para um povo despreparado, deseducado e desinteressado?". Se me permitem, essa afirmação mais parece uma piada de mau gosto. Quem a emite deve enxergar na nossa classe política a imagem mais acabada do preparo, da educação e do conhecimento. No entanto, o desinteresse popular é diretamente proporcional à consciência da irrelevância de sua opinião. Ou seja, desinteresso-me porque sei que, no fundo, minha opinião não conta, que nada vai mudar. Quando me percebo de fato investido de poder de decisão e influência, se inicia um processo de transformação subjetiva. Além do quê, a respeito da "ignorância popular", há de se lembrar de Spinoza:

Não é de se admirar que não exista na plebe nenhuma verdade ou juízo, quando os principais assuntos de Estado são tratados nas suas costas e ela não faz conjecturas senão a partir das poucas coisas que não podem ser escondidas. Suspender o juízo é, com efeito, uma virtude rara. Querer, portanto, tratar de tudo nas costas dos cidadãos e que eles não façam sobre isso juízos errados e interpretem tudo mal é o cúmulo da estupidez.[12]

O que entendemos até agora por "democracia" é, em larga medida, essa estupidez. Uma tecnocracia que trata o povo como incapaz de decidir "questões técnicas". Mas esses "incapazes" têm a inteligência prática necessária para tomar as decisões corretas. A inteligência prática da classe trabalhadora é muito mais racional e instruída do que a dita "inteligência técnica" dos tecnocratas. Não é um acaso que, na "democracia" atual, as decisões sobre políticas de saúde, por exemplo, nunca sejam feitas levando em conta a inteligência prática dos efetivamente envolvidos nos processos cotidianos, como as enfermeiras, os enfermeiros, classe médica e usuários constantes. As políticas educacionais nunca são decididas levando em conta professoras e professores, estudantes e todos os que podem saber o que funciona de fato ou não. As decisões de produção nunca são tomadas pelos trabalhadores e trabalhadoras, a não ser quando ocupam fábricas e espaços de trabalho. Não há nada de democrático em um sistema assim.

---

12 Espinosa, Baruch de. *Tratado político*. Tradução de Diogo Pires Aurélio. São Paulo: Martins Fontes, 2009, p. 110.

Deixe-me dar um exemplo dramático. Dificilmente a crise ecológica atual será superada sem o recurso à soberania popular. O agente responsável diretamente por tal crise não é a "humanidade". Um terço da população mundial sequer tem acesso à energia elétrica – seu impacto ecológico, logo, é bastante limitado. Um norte-americano médio emite quantidades de CO_2 equivalentes às de 500 habitantes da Etiópia, do Chade, do Camboja ou do Burundi. A consumação média de energia de um canadense é mil vezes superior à de um pastor do Sahel. Os 45% mais pobres da população mundial representam 7% das emissões de CO_2.[13] Considerando essa diferença gigantesca, afirmar a responsabilidade da "humanidade" é uma grande farsa. Devemos, portanto, enquadrar a humanidade em uma determinação de classe de possessores de meios de produção. Por isso, melhor do que falar em "antropoceno" seria falar em "capitaloceno".

Se assim for, os responsáveis pela preservação desse sistema econômico e seus representantes políticos nunca decidirão contra esse próprio sistema. Nunca haverá decisões concretas dos governos atuais para impedir a perpetuação da crise ecológica, independentemente da quantidade de vezes que o Rio Grande do Sul cair por água abaixo ou que Los Angeles pegar fogo. A única possibilidade de uma ação real é que as decisões passem à soberania popular, que não sejam mais objetos de deliberações de Congressos Nacionais, de cúpulas internacionais inócuas de governos, de COPs 30,

---

[13] Ver Malm, Andreas. *L'anthropocène contre l'histoire: le réchauffement climatique à l'ère du capital.* Paris: La fabrique, 2017.

31, 450, 452, e por aí vai. A soberania popular pode ser a força deliberativa de um estado de emergência climático que impede medidas tomadas contra os interesses da preservação da natureza.

Muitos dizem que para possibilitar situações como essa seria necessário primeiro "educar o povo". Mas melhor seria se perguntar sobre quem então educará os educadores, como já se perguntava Marx a seu tempo diante de tais ímpetos pedagógicos. Não faz sentido algum esperar uma "educação para a autonomia" prévia para que a autonomia possa enfim começar a ser exercida. Na verdade, a autonomia é produzida através de seu exercício. E seu exercício não precisa de uma classe de supostos esclarecidos para explicar ao povo como ser livre. Isso seria o cúmulo da contradição vazia: acreditar que para exercer a liberdade eu precisaria *obedecer*, ainda por cima obedecer a alguém que fosse me ensinar, de maneira pretensamente desinteressada, a ser livre e julgar bem.

"Mas as decisões populares nem sempre são boas", dizem alguns. Sim, e que diferença isso faz? Os processos de decisão têm força transformadora, eles transformam paulatinamente sujeitos através da ação e da implicação em suas consequências. Ou seja, a formação se dá pela errância. É impossível não errar. Como dizia Hegel, há de se perguntar se o medo do erro não seria o verdadeiro erro, se atrás dele não se esconde o medo da verdade. Pois o medo do erro é, no fundo, o medo de entrar em um processo de formação no qual as transformações podem ocorrer. De toda forma, é melhor lutar em um espaço aberto de deliberação e construção de hegemonia do que ficar sempre à mercê dos lobbies os mais opacos e variados possíveis que tomam as decisões às nossas costas. É melhor errar com o povo do que ficar à mercê de tecnocratas que, esses, acham que nunca erram, mesmo quando produzem as piores catástrofes.

Contra ideias desse porte, costuma-se dizer duas coisas. A primeira é a acusação clássica de assembleísmo e de imobilismo. Uma acusação desse calão chega a ser hilária. Dado, por exemplo, que o Congresso Nacional brasileiro gasta décadas para votar certos projetos e implementar decisões, que há leis constitucionais que nunca foram implementadas por falta de lei complementar, a pergunta que fica é: quem é mais imobilista?

A segunda acusação, esta muito mais absurda, é sempre feita pelos "defensores da democracia" temerosos de que uma democracia participativa seja, na verdade, uma forma de "totalitarismo plebiscitário". Até citações ao nazismo e ao fascismo são evocadas neste contexto. Só que elas são totalmente ridículas. Ou alguém imagina que Hitler fazia plebiscito popular para decidir como funcionariam os campos de concentração? Em uma democracia participativa, a própria noção de liderança e condução (*Führer*) é contestada, já que as instâncias de decisão passam, gradativamente, para as mãos de um poder que não é nem o executivo, nem o legislativo. O pensamento conservador procura nos vender a ideia inacreditável de que *o aumento da participação popular seria um risco à democracia.* Como se as formas atuais de representação fossem tudo o que podemos esperar da vida democrática. Como dizia Derrida, eis a razão pela qual só podemos falar em *democracia por vir*, e nunca em democracia como algo que se confunde com a configuração atual do nosso Estado de direito.[14] Contra os arautos do Estado democrático de direito que procuram nos resignar às imperfeições atuais da democracia parlamentar, devemos afirmar os direitos de uma *democracia por vir* que só poderá ser alcançada se assumirmos a realidade da *soberania popular*. Pois estas são as duas pernas de toda política de esquerda que não teme dizer seu nome: *igualitarismo* e *soberania popular*. Garantidos esses dois valores, o resto, como dizia o Evangelho, virá por si mesmo.

Quando a soberania popular destitui a si mesma

Vamos terminar este capítulo discutindo duas situações-limite para a noção de soberania popular. A primeira se refere a um limite real de seu exercício; a segunda, a uma forma de crise que pode afetá-la.

A noção de soberania inclui, em sua origem, as características de ser um poder supremo, absoluto, indivisível e perpétuo, como encontramos na noção de *maiestas* (grandeza, majestade) da qual ela deriva desde a Idade Média. Podemos nos servir desse princípio de indivisibilidade e lembrar que não é possível à soberania popular se voltar contra si mesma, dividir-se. Isso aconteceria se aceitássemos que a soberania popular fosse usada para legitimar a estigmatização de partes da própria população.

Por exemplo, a noção de plebiscito tira sua legitimidade da ideia de que a soberania popular se manifesta como

---

14 Ver Derrida, Jacques. *Voyous: deux essais sur la raison*. Paris: Galilée, 2003.

totalidade. Ou seja, a totalidade da sociedade, que se organiza de maneira igualitária, exprime sua vontade. Leis discriminatórias contra grupos religiosos, raciais, nacionais ou sexuais, no entanto, quebram a noção de totalidade igualitária da vida social, inaugurando uma lógica de massacre de minorias pela maioria. Por isso, tais leis nunca poderiam ser objeto de um plebiscito.

Um exemplo tragicamente interessante foi fornecido pela Suíça, ao aprovar por plebiscito, em 2009, uma lei que proibia a construção de minaretes em mesquitas muçulmanas. Segundo os helvéticos, tais minaretes representavam o desejo expansionista e belicista do Islã. Com isso, a Suíça quebrava a ideia de que todas as religiões e todos os crentes devem ter o mesmo tipo de tratamento pelo Estado. Até porque, se for para começar falando em belicismo religioso, nenhuma religião passa no teste. Inaugura-se assim uma lógica da soberania popular que se volta contra sua base, ou seja, a determinação igualitária da sociedade. Quando tal determinação desaparece, a soberania popular vira apenas uma máquina de destruição social.

Mas uma situação-limite mais explosiva em relação à soberania popular ocorreu recentemente no Chile, pois encontramos um momento no qual a soberania popular, de certa forma, destitui a si mesma e parece recusar-se a legitimar leis e instituições a partir de si.[15] Em 2019, o Chile conheceu

---

15 Tratei de forma mais detalhada o caso chileno em Safatle, Vladimir. "Insurrección y institución: el caso chileno". In: Bottinelli, Alejandra et al. *Luchas por la hegemonía: proyecto emancipatorio y Constitución en Chile*. Buenos Aires: Clacso, 2024, pp. 91-122.

uma insurreição popular que ficou conhecida como Estallido social (Explosão social). Ela dava continuidade à sequência de insurreições populares que marcaram o século XXI (Primavera Árabe, Islândia, Indignados na Espanha, Turquia, Brasil, Colômbia, Gilets Jaunes na França, entre outros). Em todos esses casos, vimos a conjunção entre profundo descontentamento social e recusa dos modelos tradicionais de representação política e mediação de conflitos. No entanto, o Chile foi mais longe, tornando-se o único lugar no qual a insurreição popular passou à fase de ser capaz de produzir novas instituições e leis. Em todos os outros lugares, as insurreições produziram enorme energia de revolta que, por enquanto, dissipou-se. No Chile, a resposta à insurreição foi uma Assembleia Constituinte encarregada de escrever uma constituição que substituiria aquela herdada do período ditatorial. Ou seja, estávamos diante de uma passagem possível do poder destituinte ao poder constituinte.

No entanto, em 4 de setembro de 2022, o projeto constitucional produzido pela Assembleia foi rechaçado em plebiscito por 62% dos votos. Assim, a escrita da nova constituição passou a cargo do Congresso Nacional, dominado por forças conservadoras. Esse novo projeto também foi rechaçado em plebiscito por 55% dos votos um ano depois. É difícil encontrar exemplos na história mundial de uma população que tenha solicitado um processo constituinte apenas para rejeitá-lo duas vezes. Longe de ser um caso anedótico, o rechaço chileno levanta questões gerais importantes. Por isso, gostaria de me deter nele.

Diante de tal derrota, a esquerda latino-americana mobilizou suas duas explicações-padrão usadas em situações semelhantes: a traição dos governos ditos progressistas e a incapacidade das massas de agir a partir de seus próprios interesses. Ou seja, os dois culpados clássicos, a saber, o governo de esquerda que traiu seu próprio mandato e a imprensa que confunde o povo e espalha mentiras. De fato, o governo de Gabriel Boric foi um governo que começou muito mal e continuou fielmente como começou. De fato, a imprensa latino-americana tende a agir como um partido político conservador em casos semelhantes e o uso de *fake news* sempre foi a regra. Mas essas explicações são insuficientes para uma reação dessa magnitude.

Seria mais correto tentar entender os principais pontos concretos que motivaram a rejeição, bem como os riscos e limites de uma dinâmica de transformação constitucional como a que foi tentada no Chile. A esse respeito, lembraria da pesquisa realizada pelo Instituto Feedback Research no final de julho de 2022. Ela identificou dois pontos como os principais motivos da rejeição: "nem todos serão iguais perante a lei" (39%) e, "com a plurinacionalidade, o Chile corre o risco de ficar dividido" (31%).[16] Outras questões, como a criação de uma democracia paritária, o direito ao aborto, o fim do senado e o direito à reeleição, também apareceram como possíveis motivadores da rejeição, mas nenhuma delas estava tão claramente no centro das decisões quanto a plurinacionalidade. Seria então o caso de entender melhor os desafios de tal transformação.

---

16 Bottinelli, Alejandra et al. *Luchas por la hegemonía: proyecto emancipatorio y Constitución en Chile*. Buenos Aires: Clacso, 2024.

Em retrospecto, podemos levantar a dificuldade de exigir que uma constituição com seus 388 parágrafos seja plebiscitada. Ou seja, isso diz algo importante sobre a estratégia de transformação constitucional via plebiscito, a saber, que ela não permite rejeitar apenas algumas leis. Da mesma forma, não é possível aprovar uma parte e deixar outra parte de lado para discussões futuras. A figura de um poder soberano popular unificado cria a ilusão de que todas as leis que emanam de um processo constitucional serão igualmente reconhecidas pelo povo como expressão de sua vontade. Mas isso não passa de um dogma. A criação de um plebiscito ratificador ao final do processo constitucional já pressupunha a possibilidade de os representantes da soberania popular não traduzirem adequadamente os desejos do povo. Portanto, se havia um plebiscito de saída, deveria haver também a possibilidade de se aprovar apenas blocos de leis, e não a constituição como um todo.

Mas vamos nos deter no problema específico do Estado Plurinacional, pois para ele convergem o fato de setores expressivos da população entenderem que a nação não é espaço possível de um projeto comum e o medo, vindo de outros setores da mesma população, de que a decomposição da nação seja apenas uma forma de decomposição do território e de criação de novas desigualdades.

De fato, a plurinacionalidade questiona certa noção de igualdade baseada no princípio de "a mesma lei para todos". No entanto, tal questionamento é feito em nome da compreensão de que o território no qual a nação historicamente apareceu já era composto de múltiplas formas sociais capazes de realizar demandas de liberdade e justiça. O Estado-nação, em países com uma história colonial, como o Chile e o Brasil, nasce do apagamento dessas formas sociais e se perpetua por meio de sua contínua desqualificação. Para se justificar, é necessário que o Estado-nação continue repetindo que essas formas sociais eram "atrasadas", incapazes de satisfazer as demandas sociais por liberdade. Isso significa continuar, no presente, a violentar os povos originais, com seus conhecimentos e práticas.

Nesse sentido, a plurinacionalidade traz efetivamente a experiência de uma nova configuração do que significa "território", possibilitando o reconhecimento da multiplicidade de temporalidades e historicidades que se desdobram em um mesmo espaço. Isso não significa que essa nova configuração seja menos democrática e igualitária do que aquela colocada em circulação pelo Estado-nação. Pelo contrário, ela é um passo fundamental para a institucionalização de uma democracia real, pois se baseia na confiança de que o reconhecimento da multiplicidade histórica que compõe o território é uma forma de entender como os povos são produtores da experiência da liberdade.

Mas não é sem razão que as populações queiram garantias de que o fim do Estado-nação não significará a fragmentação e a criação de novos privilégios. A discussão sobre a plurinacionalidade era quase inexistente no Chile havia três anos; ainda não existia um acúmulo de debates e experiências. Portanto, não é descabido que sua apresentação no debate político sob a forma de uma mudança constitucional abrupta acabe despertando os medos mais atávicos e primários. Como o Estado-nação é uma fantasia que estrutura nossa vida social, sua ruptura exige que se saiba lidar com a enorme quantidade de angústias, reações e incertezas que tal medida necessariamente produzirá. É possível que a experiência constitucional chilena tenha demonstrado que modificações dessa natureza só podem ocorrer por meio de um processo gradual e de longo prazo, ou somente após um longo acúmulo de lutas, ainda mais considerando que setores da luta mapuche são efetivamente separatistas e que a população indígena no Chile é uma minoria (12%).

Nesse sentido, é preciso lembrar que as afirmações sobre a dificuldade de construir a unidade no campo das lutas sociais indicam um desafio real e tocam no problema do que poderíamos chamar de "sistemas de garantias". Em uma situação histórica de retração geral das macroestruturas de proteção social, de aprofundamento dramático de crises conexas, as pessoas querem garantias de que as políticas de defesa dos setores mais vulneráveis da população não deixarão outros grupos desprotegidos. Elas têm todo o direito de fazer essa exigência. Entretanto, como defendi no capítulo anterior, a esquerda atualmente tem grande dificuldade em articular um discurso que coloque as múltiplas lutas sociais no mesmo nível de prioridade e sensibilidade, garantindo uma universalidade real. Saber como construir essa equação de unidade é uma tarefa para o futuro.

DO TEMPO DAS IDEIAS

*"Um homem é uma coisa em que se atira
Até que o ser humano emerja das ruínas do ser humano."*
HEINER MÜLLER

"Ele sabia que o preço de sua integridade era a incompletude."
SCOTT FITZGERALD

"Uma política de esquerda não pode funcionar porque o ser humano é naturalmente egoísta, competitivo, invejoso. Pensa primeiro em si mesmo, depois na sua família, depois no seu bairro, depois no seu país. Ele é o lobo do próprio homem, etc., etc., etc." Quem afinal nunca ouviu explicações como essas? Por mais problemáticas que sejam, mostram um artifício retórico e persuasivo bastante forte baseado na pressuposição de uma espécie de *limitação antropológica do político*. Ou seja, o campo político, o que ele pode produzir e como pode funcionar, dependeria de uma antropologia profundamente normativa, de uma natureza humana que definiria previamente e de maneira imutável o destino que nos espera. Qualquer tentativa de ignorá-la seria uma ingenuidade fadada, no melhor dos casos, ao fracasso. No pior, só serviria para produzir delírios de reforma social que terminariam necessariamente em massacres. Como se houvesse uma linha necessária e inevitável que iria da crítica da individualidade moderna e da reificação aos massacres de Pol Pot, das lutas sindicais por justiça social aos gulags.

Como se vê, alguns têm o dom mágico de passar, sem maiores problemas, de considerações políticas a iluminações fulgurantes sobre como os humanos serão para todo o sempre. Como se estivéssemos diante de profetas que veem nos olhos humanos um livro aberto. E, como não podia deixar de ser, quem ler este livro aprenderá – veja que interessante – a *arte milenar da resignação*. Essa mesma arte que nos ensina a temer toda ruptura com formas de vida que aparecem, em certos momentos, como naturalizadas. "O impossível é melhor nem tentar",[1] dizia Ismênia, irmã de Antígona, já na época da Grécia Antiga. Não são poucos os que querem nos fazer pensar assim.

Essa é uma das características reais do pensamento conservador. Sua procura constante por ser o tradutor de alguma forma de natureza humana que deveria limitar nossas pretensões é parte de uma estratégia política. Ela consiste em eliminar da política todo entusiasmo pelo novo que poderíamos criar a fim de nos fazer temer toda tentativa de sair do lugar que até agora ocupamos. Nos fazer temer todo questionamento a respeito de como nossos "lugares naturais" foram

---

1 Sófocles. *Antígona*. Tradução de Millôr Fernandes. São Paulo: Paz e Terra, 1995, p. 6.

estabelecidos. Ou seja, o conservadorismo cresce lá onde o medo impera. Por isso, o medo é seu afeto central.[2] Nesse sentido, é sempre bom perguntar: a quem interessa continuarmos onde estamos?

Um conservador pode, no entanto, contra-argumentar dizendo: "Mas e os milhões de mortos produzidos pelo comunismo? Não seria essa montanha de cadáveres a prova maior de que os reformadores sociais são, no fundo, seres ávidos de sangue e ressentimento? Afinal, veja o que suas ideias de nova sociedade, de 'homem novo', produziram".

Bem, poderíamos começar por questionar a contabilidade de araque que sustenta boa parte desses ditos "estudos". O embate político tem um pendor próprio para jogar números ao léu a fim de ver o efeito que eles provocam. Sessenta, 65, 93, 110, 148 milhões de pessoas: todos esses números já foram utilizados alguma vez por algum "especialista" obscuro para falar dos mortos pelos regimes comunistas. Como se diz, "vai que cola". Não é difícil perceber que precisão não é o forte nessa discussão. A leviandade no uso dos números já devia nos alertar para a falta de seriedade em um assunto tão delicado.

De toda forma, poderíamos continuar esse jogo e lembrar também de todas as vítimas do colonialismo, do imperialismo, das guerras expansionistas, dos processos de acumulação primitiva, da miséria e fome operária, das ditaduras amigas da "democracia", da repressão policial cotidiana tendo em vista a preservação de sociedades desiguais.

---

2 Desenvolvi essa questão de maneira sistemática em Safatle, Vladimir. *O circuito dos afetos*. Belo Horizonte: Autêntica, 2017.

Poderíamos acrescentar à lista as vítimas do racismo colonial e da degradação feminina, só para ficar nas duas hierarquias mais evidentes com as quais o capitalismo lucrou muito. Podem ter certeza de que o número real dessa conta não é pequeno. Só para lembrar de um entre os milhares de casos, podemos citar a colonização do Congo pela Bélgica de Leopoldo II, com seus massacres, execuções, destruição de vilas tendo em vista a extração de borracha para o desenvolvimento capitalista do país de Tintim através de trabalho escravo, através dos cestos de palha cheios de mãos decepadas de congoleses que não alcançavam a cota definida de borracha. Como não há interesse algum em termos uma visão clara e detalhada sobre o que aconteceu, os números variam de 1,3 a 13 milhões de pessoas mortas, sendo que o mais provável seja algo em torno de 10 milhões.

A discussão aqui não gira em torno do problema da violência. Os conservadores ou liberais que falam sobre os milhões de mortos sob o comunismo normalmente não estão interessados em parar a violência estatal – esta não os incomoda, nem nunca os incomodou. Eles estão preocupados que a violência mude de mão, só isso. O capitalismo é um sistema de guerra permanente, que usa a violência como regime normal de funcionamento. Guerra contra pobres, guerras coloniais, em favelas, contra terroristas outrora alimentados por nós mesmos, guerras no campo pela ocupação de terra e expulsão de camponeses, contra povos originários, além da destruição psíquica cotidiana de sujeitos amedrontados pela possibilidade de morte econômica. Nada disso parou por um minuto sequer. Nada disso, porém, atrapalha o sono dos que falam sobre os pretensos "2 bilhões de mortos sob o comunismo". Como disse, o que tira o sono deles é que a violência mude de lado.

No entanto, mesmo que seja verdade, não é possível nem necessário ignorar o fato histórico de que a primeira sequência que conhecemos de governos comunistas frutos de processos revolucionários, aquilo que chamávamos havia décadas de "socialismo real", conheceu a violência estatal, a brutalidade social, o autoritarismo, os privilégios da burocracia, entre tantas outras degradações. Eles estiveram longe da realização da igualdade radical e da soberania popular, a não ser em momentos restritos de abertura revolucionária que logo se fecharam. Nunca tive problemas em fazer claramente tais críticas.[3]

Mas, se quisermos ter uma discussão honesta, devemos lembrar que não foi uma desconsideração pela natureza humana que provocou a degradação dos processos revolucionários. A esse respeito, insistamos que *um acontecimento verdadeiro não garante a sequência de suas consequências*. Mais do que um projeto claro, as revoluções foram o ato de abertura de novas sequências. Um ato que mobilizou expectativas contraditórias, que colocou em circulação valores cuja determinação de sua significação foi objeto de embates violentos. Uma revolução é uma causa a partir da qual não é possível derivar, com segurança, qual série de consequências se seguirá. Por isso, ela nos exige uma espécie de responsabi-

---

[3] Quem estiver curioso, veja, por exemplo: Safatle, Vladimir. "E Cuba?". *Folha de S.Paulo*, São Paulo, 8 fev. 2023. Coluna Opinião. Disponível em: https://www1.folha.uol.com.br/fsp/opiniao/fz0802201106.htm. Acesso em: 3 fev. 2025.

lização infinita fundada na escuta contínua, nas retificações e nas autocríticas implacáveis, quando necessárias.

A responsabilização infinita é necessária, entre outras razões, porque insurreições populares, para conseguir romper o enorme sistema de defesa das classes privilegiadas, precisam muitas vezes organizar-se militarmente. A organização militar se impõe como exigência àqueles e àquelas que sabem bem a força de mobilizações contrarrevolucionárias. No entanto, quando as insurreições são vitoriosas, tal dinâmica militar, com seu centralismo e hierarquia necessários, tende a passar ao governo, que se torna assim a continuação da lógica militar por outros meios. Feito isso, guerra e paz nunca se distinguirão por completo. Essa lógica militar alimentará a eterna vigilância, a interversão da esperança em medo e, com isso, a suspeita e a delação, a desconfiança em relação à crítica, como se toda crítica vinda de nosso campo fosse o prenúncio de uma traição. Sempre haverá um inimigo à espreita justificando nossa necessidade de "medidas excepcionais". De fato, há tendências autoritárias em dinâmicas revolucionárias devido, entre outros, a seu modo necessário de organização. Saber como lidar com elas é um problema real. Reconhecer que elas existem é um passo importante para ser capaz de desativá-las.

Mas, por mais paradoxal que possa parecer, o fato de essa sequência de experiências políticas vinculada à primeira afirmação do comunismo como potência de governo ter se esgotado não encerra coisa alguma. Em política, uma ideia verdadeira precisa fracassar várias vezes para poder se realizar efetivamente. Por exemplo, durante séculos o republicanismo foi considerado pela grande maioria um retumbante fracasso.[4] Mesmo com alguns casos bem-sucedidos, como a república de Veneza e de certas cidades-Estado italianas, o republicanismo foi visto durante séculos como um projeto que havia em larga medida produzido demagogia e enfraquecimento do Estado. Hoje, dificilmente encontraremos alguém sensato para quem o republicanismo não seja um valor fundamental. Mesmo as monarquias constitucionais que conhecemos são monarquias recompostas em sua essência pelos valores republicanos. Veja que o republicanismo precisou fracassar várias vezes para encontrar seu próprio tempo a partir da retificação e da autocrítica necessárias de suas práticas. A história demonstrou como processos de transformação em direção à emancipação social precisam repetir-se inúmeras vezes, fortalecendo dinâmicas e retificando caminhos, até se imporem. Um processo histórico nunca se repete sem abrir, com isso, novas dimensões de desenvolvimento. Para o bem e para o mal.

A degradação dos processos revolucionários sempre esteve vinculada à incapacidade de sustentar a soberania popular como força avessa a todo controle estatal ou partidário, a sustentar a igualdade radical como exigência inegociável. Por isso, não se trata de recuperar o que ocorreu. Ninguém quer voltar à Romênia de Ceaușescu, aos expurgos stalinistas ou a qualquer outra monstruosidade dessa natureza. O que queremos é criar o que até agora emergiu apenas de forma intermitente.

---

4 Ver, por exemplo, Rousseau, Jean-Jacques. *O contrato social*. Tradução de Eduardo Brandão. São Paulo: Companhia das Letras, 2011.

Um tempo insubmisso ao presente

Ao avaliar o que foi o século XX, Alain Badiou declarou: "Até o final, o século foi de fato o século do advento de outra humanidade, da mudança radical do que é o homem. E é nesse sentido que permaneceu fiel às extraordinárias rupturas mentais de seus primeiros anos".[5] Gostaria de partir dessa afirmação, pois também acredito que a luta por uma nova forma de humanidade e a transformação radical do que significa ser humano constituem o eixo central de toda política emancipatória.

Nunca realizaremos nossa própria emancipação enquanto aceitarmos a fantasia de uma limitação antropológica do político. Ser diferente do que fomos até agora, realizar por nossas próprias mãos a transformação daquilo que somos, fazer inclusive com que "nossas próprias mãos" se multipliquem, como se não fosse mais questão de acreditar nos limites da nossa imagem do corpo próprio, como se essas mãos "nossas" viessem de lugares até agora inesperados; eis um destino possível que nos espera. Tudo se passa como se, para além da defesa de uma sociedade mais justa e equânime, pulsasse, no interior da demanda revolucionária, *esse desejo de nos livrarmos de nós mesmos*, desejo de anular nossa própria imagem.

Esse desejo nos é constitutivo, ele nos persegue há séculos. Não se trata de algum delírio arbitrário de "recomeçar tudo do zero" sem levar em conta a violência que o zero

---

5 Badiou, Alain. *O século*. Tradução de Carlos Felício da Silveira. Aparecida: Ideias e Letras, 2009, p. 23.

parece implicar. Na verdade, é a realização mais bem-acabada de uma inquietude e desenraizamento que determinam, de maneira essencial, experiências das quais somos legatários. Essa inquietude é o legado que recebemos e que configurou um dos horizontes mais decisivos que temos de pensamento crítico.

Refiro-me a esse movimento interno a certa tradição do sujeito moderno de não se deixar esgotar no círculo de suas determinações identitárias atualmente postas, de recusar que o que fomos até agora é o limite do que podemos ser. Sartre, por exemplo, não teve muita dificuldade em encontrar nesse desenraizamento inquieto, nessa impossibilidade de esgotamento, nessa negatividade (se quisermos utilizar um termo mais preciso), o traço fundamental do conceito de liberdade.[6] Liberdade ligada à capacidade de nos servirmos da indeterminação para criarmos singularidades. Recusar nossas "representações naturais", a aderência imediata a hábitos, tradições e certezas transformadas em práticas ritualizadas a fim de permitir que a negação a impulsionar tais recusas seja o motor de transformações possíveis e de uma vida com menos opressões. Nesse sentido, nada mais tradicionalmente

---

6 Ver Sartre, Jean-Paul. *Situations philosophiques*. Paris: Gallimard, 1990, pp. 71-72. Sartre insiste que a liberdade moderna exige um momento de liberdade negativa que pode ser encontrada já em Descartes. Como ele mesmo dirá, a respeito da transcendência cartesiana: "Reconhecemos neste poder de escapar, de se mover, de se retirar para trás, uma prefiguração da negatividade hegeliana. A dúvida alcança todas as proposições que afirmam algo fora de nosso pensamento, ou seja, posso colocar todos os existentes em parênteses, estou em pleno exercício de minha liberdade quando, eu mesmo vazio e nada, nadifico tudo o que existe". (tradução minha)

enraizado em nossas formas de vida que a procura pelo "homem novo".[7]

Mas fomos marcados por tais recusas por paulatinamente perceber que estávamos no interior de um tempo em conflito. Conflitos sobre instituições, práticas, crenças, autoridades. De fato, essa longa experiência histórica que chamamos de "modernidade" é um espaço de conflito no qual, inclusive, várias visões do que significa ser "si mesmo" entraram e continuam a entrar em choque. E no interior de tais conflitos consolidou-se a alternativa de que a forma como somos reconhecidos é profundamente determinada pela maneira com que reproduzimos materialmente nossas sociedades, e, enquanto essa forma de reprodução material não for radicalmente transformada, aquilo que pulsa em nós como um horizonte de possibilidades futuras, como inadequação profunda ao presente, precisará paradoxalmente usar a indeterminação para se afirmar.

Por não sabermos como nos resignar aos limites do presente fizemos de nosso desejo uma falta, não uma falta disso ou daquilo, mas uma falta como maneira de ser e de lembrar que os lugares que o Outro tem para nós estão "em falta". Fizemos de nossa linguagem um espaço cheio de colisões, contradições e suspensões de significados. Fizemos de nossa atividade uma procura por aquilo que parece não produzir valor, não produzir o que foi economicamente definido

---

[7] Para uma análise sistemática dessa indeterminação própria a uma certa tradição da reflexão moderna sobre o sujeito, tomo a liberdade de remeter aos três primeiros capítulos de Safatle, Vladimir. *Grande Hotel Abismo: por uma reconstrução da teoria do reconhecimento*. São Paulo: Martins Fontes, 2012.

como portador de valor. Em suma, em todos esses casos, vemos como aprendemos a usar a negatividade como forma de guardar nossa capacidade de projeção de futuro. E este talvez seja um dos saldos mais importantes e insuperáveis daquilo que se convencionou chamar de "experiência moderna". Por isso, ela não pode ser objeto de uma crítica totalizante.[8] Pois não há política emancipatória sem certa fidelidade a uma espécie de antropologia negativa, sem uma compreensão de que aquilo que chamamos de "natureza humana" não está no começo, como uma origem que deveríamos respeitar, mas no fim, como realização de um longo processo histórico do qual somos legatários. Nossa natureza ainda está por vir.

Nesse sentido, vale lembrar que a noção de modernidade apareceu no Ocidente inicialmente em um debate estético: a *Querelle des anciens et modernes* [Querela dos antigos e modernos]. Foi lá que pela primeira vez vimos a utilização de "moderno", "modernidade" como conhecemos atualmente. A questão da querela era clara: devem as obras de arte se submeter aos padrões de avaliação do passado ou elas trazem em si mesmas seu próprio padrão de avaliação, trazem a recusa do que fomos até agora? Pois se uma obra de arte traz em si seu próprio valor, se ela é sempre a instauração de um outro princípio de avaliação, é porque ela é a expressão de um tempo insubmisso, de uma insubmissão ao presente. Obras de arte mostrariam como o presente não é idêntico a si mesmo, como o tempo não se esgotou.

---

8 Como o faz de maneira equivocada Latour, Bruno. *Jamais fomos modernos*. Tradução de Carlos Irineu da Costa. São Paulo: Editora 34, 2019.

Esse desejo de insubmissão ao presente nos constituiu e nos constitui, estética e politicamente. Ele existe porque sentimos as opressões e as limitações que a reprodução do presente nos impõe. Já se disse que as obras de arte nos ensinam a ser livres. Esta não é uma frase edificante entre outras. Simplesmente indica que certas práxis sociais (e a arte é, antes de tudo, uma práxis social) são capazes de sustentar o que a sociedade como totalidade ainda não é capaz de realizar. Esse debate tão importante começou no campo da estética porque as obras de arte, a partir de então, foram capazes de guardar a potência política do que pode nos transformar. Elas lembram aquilo que a sociedade teima em esquecer.

O indivíduo não é a medida de todas as coisas

Fizemos dessa negatividade nossa força política porque a experiência histórica hegemônica que nos constituiu procurou naturalizar uma forma muito específica de ser que, para muitos ainda hoje, se confunde com nossa possibilidade de sermos livres e sermos "nós mesmos". Essa forma teve a seu favor o fato de ser absolutamente central para a consolidação do capitalismo. Contra essa hegemonia que colonizou nossa imaginação social, levantamos certa forma de vincular o que há de mais real em nós mesmos à ação de dizer "não".

Lembro disso porque o capitalismo não é apenas um sistema econômico de trocas. Ele é uma forma de vida que reorganiza profundamente os campos do desejo, da linguagem e do trabalho. Não se deseja da mesma forma dentro e fora do capitalismo, não se fala da mesma forma dentro e fora do capitalismo e não se trabalha da mesma forma dentro e fora do capitalismo. Isso acontece dessa forma porque o capitalismo traz, entre outras coisas, uma forma de sermos nós mesmos, de organizarmos nossa subjetividade. E ele o faz através do *primado do indivíduo*. Para o capitalismo funcionar, ele precisa que nós nos tornemos simples indivíduos.

Seguramente, você já ouviu o discurso de que toda e qualquer tentativa de criticar o primado do indivíduo só pode nos levar ao mais claro autoritarismo. Como se a democracia só estivesse segura lá onde o individualismo imperasse. Afinal, o indivíduo seria o esteio da liberdade contra as imposições da coletividade, do grupo, da comunidade, do Estado. O primado do indivíduo significaria poder decidir por si mesmo, exercer seu livre-arbítrio, fazer suas escolhas, defender seus interesses, pensar por conta própria. E, claro, como um grande presente ao mundo fornecido pelo Ocidente capitalista europeu, o indivíduo seria o principal produto de exportação da democracia liberal. Ao tomarem consciência de sua condição de indivíduos, sujeitos em outras formas sociais poderiam, enfim, sair de condições arcaicas de existência, de estereotipia, e se tornar livres. Por isso, nossa missão seria educar os arcaicos povos de outras sociedades a se tornarem indivíduos livres.

Como disse, todo mundo conhece essa história, mas ela tem outro lado, ou melhor, outros lados. É o caso de se perguntar: quanta disciplina e repressão devem ser internalizadas para que o indivíduo possa se constituir? O que preciso perder e fazer calar para que tudo o que aparece à minha experiência só possa ser pensado como experiência de um indivíduo? Ninguém nasce um Eu. Ser Eu é fruto de uma construção social ligada a um longo e tumultuado processo de maturação e de integração social. "Tumultuado" porque a ordem social saberá punir muito bem os que não se adaptarem a seus padrões de maturidade, a não desejarem como esperamos que pessoas maduras desejem, a não falarem como esperamos que pessoas maduras falem, a não trabalharem como esperamos que pessoas maduras trabalhem.

Veja como entramos em uma dimensão na qual psicologia e política se confundem. Isso não poderia ser diferente, já que a produção do que nos parece mais íntimo, a produção de nossa psicologia, é uma operação político-econômica. A intimidade e a vida privada são espaços de exercício da norma social. Por isso, não há transformação de uma sem a transformação do outro. De certa forma, a psicologia é a continuação da política por outros meios. E, se assim for, precisamos lembrar que o indivíduo é uma forma de existência totalmente dependente, entre outros, da internalização de certa racionalidade econômica que visa moldar nossa vida social. Ele é aquele que sabe fazer de seus desejos "interesses", ou seja, paixões submetidas ao cálculo. Daí por que os economistas falam dos indivíduos como "agentes maximizadores de interesses", agentes que calculam a partir da régua utilitarista da maximização do prazer e do afastamento do desprazer, como um contador de seus afetos. Os indivíduos serão também aqueles que se verão preferencialmente como proprietários, eles entenderão a relação consigo mesmos como uma relação de proprietário. Sou proprietário do meu corpo, das minhas habilidades, da minha memória, da minha força de trabalho. Tanto é assim que a definição de liberdade que os indivíduos conhecem é:

ser livre é ser proprietário de si mesmo, proprietário da sua própria pessoa.

Vendo-se como um proprietário de si mesmo, a via fica aberta para o Eu estar a todo momento sob a autoavaliação a partir dos vocabulários que aplicamos a propriedades, como: o rendimento, a performance, o desempenho, a contabilidade, o interesse quantificável. Como se estivéssemos a gerir um estoque de produtos. Uma das consequências disso é termos cada vez menos capacidade de nos relacionar com o que em nós não se submete a essa lógica de racionalidade econômica estendida. Tudo o que em nós não se conforma a ela aparece como um risco a nosso funcionamento, algo a ser patologizado, algo que quebra nosso desempenho. Pode parecer que todo esse vocabulário econômico é só uma "maneira de falar". Mas nenhuma maneira de falar é só uma maneira de falar. Ela é uma forma de naturalizar certa racionalidade, de expulsar do meu campo de experiência o que não se adéqua a tal gramática.

Por fim, além de portadores de interesses, além de proprietários, os indivíduos são aqueles que estabelecem relações preferencialmente sob a forma do contrato. A figura do contrato é, em larga medida, dependente da generalização da ideia de propriedade e de proprietário. Estabelecer um contrato com alguém é exigir que o outro reconheça algo que me é próprio, que é minha propriedade, seja essa propriedade um bem que tenho, uma habilidade, uma característica que me é cara ou minha força de trabalho. Em troca, eu faço o mesmo com o outro.

Dessa forma, a sociedade internaliza nos sujeitos uma "natureza humana" totalmente adequada às exigências de nossa ordem econômica. O que foi o resultado de um processo histórico determinado torna-se, quase que por magia, o começo natural de tudo. O caráter concorrencial de proprietários que procuram maximizar seus interesses torna-se um traço "natural", a desconfiança própria a sujeitos que precisam de contratos para verem suas "propriedades" asseguradas torna-se um traço "natural". A ausência de mutualismo e solidariedade que uma sociedade de proprietários pressupõe, sociedade de pessoas que veem o outro inicialmente como um concorrente potencial, torna-se outro traço "natural". Ao final, todos os que lutarem contra essa racionalidade econômica que nos governa estarão lutando contra a "natureza humana".

Liberdade para além da modernidade

Mas essa discussão sobre a natureza humana e suas estratégias não seria "eurocentrada"? A história foi a mesma fora do Ocidente? Afinal, conhecemos vários antropólogos que responderão pela negativa, de Pierre Clastres a David Graeber.[9] Cada um a sua maneira, eles procuraram uma potência radical de igualdade já realizada socialmente, sobretudo em sociedades ameríndias. A partir de uma chefia sem poder e do exercício da argumentação racional como condição para

---

9 Clastres, Pierre. *A sociedade contra o Estado*. Tradução de Theo Santiago. São Paulo: Ubu, 2020. Graeber, David; Wengrow, David. *O despertar de tudo*. Tradução de Claudio Marcondes e Denise Bottmann. São Paulo: Companhia das Letras, 2022.

submeter-se às injunções de toda e qualquer autoridade, esses povos teriam conseguido realizar estruturas de liberdade de que o Ocidente nunca foi capaz. Por que, então, não recuperar essas formas, respeitando seu espaço, território e limite?

Essas questões são muito importantes. Primeiro, elas nos lembram como certa antropologia colabora para criticar a ideia de que o capitalismo, com sua forma de vida e suas instituições políticas liberais, representaria alguma forma de "progresso social e moral". É o caso de lembrar mais uma vez que todas as formas sociais são portadoras de força crítica em relação ao poder, de capacidade de elaborar experiências de liberdade e justiça. O que o processo colonial fez foi destroçar tal multiplicidade, generalizando um "desenvolvimento" que não passava de uma justificação para a destruição e o genocídio.[10]

No entanto, mesmo aceitando que experiências sociais fora do Ocidente conseguiram realizar exigências de igualdade e justiça, como a sua maneira já nos lembrava havia um século o trabalho pioneiro do marxista peruano José Carlos Mariátegui,[11] fato é que foram radicalmente transformadas pelo capitalismo global. Elas estão descentradas de suas matrizes originárias, conectadas com outras realidades, e, por isso, não podem reatualizar o que um dia conseguiram fazer. Nem seria possível imaginar que alguma espécie de descolamento do território, de autonomia de espaços restritos, teria

---

10 Lembremos da bela reflexão de Kopenawa, Davi; Albert, Bruce. *A queda do céu*. São Paulo: Companhia das Letras, 2015.

11 Mariátegui, José Carlos. *Por um socialismo indo-americano*. Organização de Michel Lewy. São Paulo: Expressão Popular, 2024.

alguma capacidade de duração e permanência. Contra uma força global, só é possível uma aliança global. Nada local irá se sustentar. A ideia, tão difundida atualmente, de que cada um faz sua luta é um caminho seguro para a derrota geral, como sempre foi e sempre será. Como disse anteriormente, estamos conectados globalmente. O capitalismo nos conectou de uma vez por todas, pois nos explorou e nos jogou a todos em um horizonte de sofrimento social contínuo. Pela experiência do sofrimento, nossos destinos estão irredutivelmente ligados. As dezoito árvores por segundo derrubadas durante o ano de 2021 na Floresta Amazônica aceleraram ainda mais a crise climática. Elas foram sentidas quando as casas em Los Angeles pegaram fogo em 2025. A árvore queimada na Amazônia queimou uma segunda vez na Califórnia. A primeira vez como tragédia e a segunda vez também como tragédia. Ou seja, agora, a repetição só consolida a tragédia. A política é a transformação dessa conexão universal de catástrofes em possibilidade de explosão de nosso horizonte potencial de experiência. Pois ela cresce na consciência de que essa conexão universal de catástrofes roubou nossa capacidade de construir futuros. E é ela que estamos dispostos a recuperar.

Uma das compreensões políticas mais irresistíveis de Marx é que tal conexão global pode ser reapropriada pelos sujeitos tendo em vista a realização da liberdade. De certa forma, através dessa disponibilização global da atividade humana criada pelo capitalismo, abre-se uma possibilidade nunca antes colocada, a saber, redimir a técnica de sua condição de arma contra o humano tendo em vista a extração contínua de valor, conectar essa técnica global à tecnodiversidade das múltiplas histórias humanas. Fazer dessa disponibilização global da atividade o eixo da transformação contínua de nós mesmos e da deposição do medo do que em nós é outro. Reapropriada pelos sujeitos, essa conexão global pode se tornar a força do enriquecimento de formas, da complexificação da sensibilidade, da variabilidade estrutural que o humano procura a fim de realizar sua multilateralidade. Isso nada tem a ver com homogeneização. Antes, permite ressonâncias múltiplas que, de toda e qualquer perspectiva, constituirão uma história mundial renovada.

Por acreditar profundamente nisso, termino com um exemplo do que a conexão global recuperada pela soberania popular pode produzir. Ela pode servir-se de espaços de luta e questionamento para criar o até agora nunca visto. Por exemplo, quem ler a atual constituição do Equador encontrará, em seu artigo 71, o seguinte texto:

> A natureza, ou Pacha Mama, onde se reproduz e realiza a vida, tem direito a que se respeite integralmente sua existência, assim como tem direito à preservação e regeneração de seus ciclos vitais, estrutura, funções e processos evolutivos.[12]

Essa era a primeira vez na história que uma constituição reconhecia à natureza o estatuto de sujeito de direitos. Leis similares apareceram na Nova Zelândia, mas para espaços localizados, como o rio Whanganui, a floresta Te Urewera e o

---

12 Constitución de la República del Ecuador. Quito: Asamblea Nacional, 2021. Disponível em: https://siteal.iiep.unesco.org/pt/bdnp/290/constitucion-republica-ecuador. Acesso em: 3 fev. 2025. (tradução minha)

monte Taranaki. Decisões judiciais em Bangladesh, Colômbia, Índia invocaram direitos da natureza. A Bolívia aprovou um conjunto de leis sobre os direitos da mãe Terra e algo similar ocorreu em Uganda.

No caso do Equador, o artigo constitucional resultou de uma série contínua de intensas lutas populares indígenas que marcaram a história recente do país. Esse dispositivo constitucional aponta para algo muito maior do que a consolidação de uma inovação jurídica visando fornecer mais instrumentos de ação para aqueles que procuram formas de regular o extrativismo capitalista. Ela é, a sua maneira, a expressão da consciência política de que a noção moderna de natureza foi fruto de dicotomias cujas raízes se encontram em uma metafísica em ato que seria necessário destruir. A brutalidade do extrativismo, com sua junção entre progresso e destruição, seria impossível sem a aceitação social de tais dicotomias com sua existência jurídico-normativa.[13]

Integrar a natureza ao horizonte do que reconhecemos como "sujeito" nada tinha de arcaísmo "animista" ou de misticismo messiânico. Antes, estávamos diante de uma estratégia política astuta. Ela partia da consciência de que uma mudança fundamental poderia ocorrer a partir do momento em que a natureza não fosse mais socialmente experimentada como um sistema de coisas submetidas ao uso, não fosse mais compreendida como objeto pronto para se tornar propriedade de indivíduos, mas como sujeito. A inovação

---

13 Desenvolvi isso de maneira mais sistemática em Safatle, Vladimir. "Uma outra destruição da natureza é possível (parte 1): Gênese e estrutura de um conceito teológico-político". *Revista Discurso*, 2025.

jurídica completamente original tendia a produzir um colapso no interior da maneira como definimos o que pode ou não ser usado, o que é ou não dotado de agência, o que é coisa ou pessoa, o que pode ser ou não propriedade.

A agência juridicamente reconhecida deve necessariamente ter a forma da vontade? E o que dizer de ciclos vitais que produzem agência, pois desdobram processos, estrutura e funções marcadas pela abertura ao acaso e contingência, mesmo que não exatamente sob a forma da vontade? Não deveríamos dar a eles também a dignidade de sujeitos? E que tipo de mundo seria esse onde partilhamos o mesmo estatuto social com outros seres não humanos; de que maneira essas alteridades, mesmo permanecendo alteridades, são "como nós"? O que significa "nós", a partir de agora? Afinal, não seria essa a criação política mais impressionante de todas: mudar o sentido do que significa dizer "como nós mesmos"?

Essas perguntas nos mostram como generalizar a categoria de sujeito para entidades não humanas nos leva a melhor compreender como somos afetados pelo que não porta necessariamente nossa imagem. Uma outra concepção de sociedade pode, por essas vias, se engendrar. E talvez essa modificação possa nos explicar por que veremos o Equador ser palco de uma decisão inédita. Em 2023, em um plebiscito, 58,3% dos votantes escolheram por impedir a exploração petrolífera do bloco 43, no Parque Yasuní, um espaço de preservação florestal. Seria como se a população impedisse a exploração petrolífera na foz do Amazonas. Ou seja, o questionamento da ordem econômica se impõe lá onde o que chamamos de natureza deixa de ser visto como mero objeto a ser trabalhado.

CONCLUSÃO

Quando este livro foi publicado pela primeira vez, em 2012, sua função era ser o que costumamos chamar de "livro de intervenção". Não queria escrever uma reflexão exaustiva sobre as condições para uma política de emancipação. Anos depois, eu fiz isso em outra obra.[1] A ideia era estabelecer algumas balizas gerais para colaborar com uma questão que só ganhou em dramaticidade com o tempo: o que significa ser de esquerda no século XXI? O que para nós é inegociável e que nos impulsiona a defender um tipo de política que faz da revolução, ou ao menos da preservação de seu horizonte necessário, sua arma principal, independentemente de como ela venha?

Eu quis reeditar este livro em 2025, entre outras razões, porque a própria noção de "revolução" aparece hoje associada não mais à esquerda, mas à extrema direita. Talvez porque eles saibam bem que não há mais espaço para gerir as crises do capitalismo. A aceleração da crise ecológica é

---

1 Safatle, Vladimir. *O circuito dos afetos*. Belo Horizonte: Autêntica, 2017.

um fato único e decisivo que coloca a irracionalidade brutal do nosso sistema econômico diante da explicitação brutal de suas consequências destrutivas. Só que é evidente que a escolha objetiva do capital foi, como disse, acelerar, continuar seu processo de acumulação, mesmo que em breve o único lugar para viver seja Marte. Nesse contexto, ele irá utilizar toda a força de mobilização vinda da ressurgência contemporânea do fascismo para não tirar o pé do acelerador.

Diante disso, uma esquerda que não teme dizer seu nome irá sustentar que só um governo da soberania popular e da igualdade radical pode criar as condições para que a produção econômica, o desenvolvimento das forças produtivas, não seja uma bazuca apontada contra todos nós. Por isso, essa política será revolucionária em sua essência. Ela precisará se afirmar como procura por uma outra humanidade, uma outra concepção do que é a sociedade, do que é riqueza e poder. Processos revolucionários podem tomar várias formas e velocidades, mas eles precisam sempre, e isso é certo, de um horizonte máximo de lutas sempre presente, sempre forçando as condições atuais. Como dizia Theodor Adorno: "A dialética se corrompe em sofística assim que se fixa pragmaticamente no passo mais próximo".[2] Isso vale para a política como atividade emancipatória: ela se corrompe em sofistaria quando só consegue enxergar o próximo passo.

Mas há quem sempre diga, com um ar de quem sabe de coisas evidentes que esses parvos intelectuais esquecem, que "o povo não quer saber dessa conversa de revolução, ele quer

---

2 Adorno, Theodor. *Palavras e sinais: modelos críticos 2*. Tradução de Maria Helena Ruschel. Petrópolis: Vozes, 1995, p. 213.

saber de coisas concretas, de comida no prato e dinheiro no bolso". Pois é, eu também diria algo similar. Diria que chegou a hora de parar de mentir ao povo, dizendo que ele terá comida e dinheiro se for preservado o sistema que o aliena, que o obriga a trabalhar por um salário de miséria, que o coloca em profundo sofrimento psíquico, que embota sua possibilidade de enriquecer a sensibilidade, pois lhe rouba o tempo livre, pois o destrói psiquicamente ao impor a racionalidade econômica até nos meandros mais recônditos de sua vida psíquica. Nada mais concreto do que querer deixar de sofrer, e não há capitalismo sem a brutalidade do sofrimento social de alienação, de vulnerabilidade; sem uma maneira de ser que nos limita e se serve a todo momento do medo como afeto político central. E, enquanto houver sofrimento, haverá política revolucionária possível.

No entanto, talvez seja importante terminar lembrando que processos revolucionários são incalculáveis e imprevisíveis. Em alguns momentos, raros, nos dispomos, devemos e precisamos confiar no incalculável. Na verdade, uma revolução não é objeto de tática política, porque simplesmente não sabemos como produzi-la; não há uma linha causal entre um conjunto de condições sócio-históricas e uma revolução. Quantas vezes uma revolução parecia às portas, suas condições pareciam completamente dadas e, no entanto, elas fracassaram? E quantas vezes revoltas absolutamente imprevistas por todos acabaram por acontecer? Revoluções são sempre improváveis, fruto de uma série contingente de acontecimentos. O que devemos fazer é não recusar esses processos inesperados que têm a força de romper o tempo. Não recusar já é muita coisa.

Isso pode explicar por que não há nada neste livro sobre organização política. A política é uma ação marcada pela dependência profunda de contextos e locais. Arranjos contextuais e locais podem ter força enorme em um primeiro momento sem nunca mais poderem ser repetidos a contento. Os livros sobre organização política são, na maioria dos casos, esquemáticos e decepcionantes porque talvez a organização política seja extremamente avessa a certa forma de teoria. Ela talvez seja muito mais próxima da escrita de casos clínicos. Uma escrita de singularidades que podem nos inspirar como um romance tem a força de nos inspirar e iluminar, que nos sugerem múltiplas ressonâncias, mas que não podem ser transpostas imediatamente para lugar algum.

Por isso, termino este livro com outra abordagem. Talvez eu prefira lembrar que a história nos ensinou humildade diante do acontecimento. A imprevisibilidade do acontecimento e a instabilidade da história deveriam nos economizar a tentativa de legislar sobre do que um sujeito é capaz, sobre o que pode ser uma humanidade por vir, até porque, como dizia Hegel, cuja filosofia da história foi tão mal compreendida:

> Na história mundial, através das ações dos homens, é produzido em geral algo outro do que visam e alcançam, do que imediatamente sabem e querem. Eles realizam seus interesses, mas com isso é produzido algo outro que permanece no interior, algo não presente em sua consciência e em sua intenção.[3]

---

3 Hegel, Georg Wilhelm Friedrich. *Vorlesungen über die Philosophie der Geschichte*. Frankfurt: Suhrkamp, 1986, p. 42. (tradução minha)

Neste exato instante, não temos clareza sobre nossas ações, mas temos consciência de que há um mundo que desmorona em ritmo acelerado. Nossa função é acelerar esse desabamento, mas em outra direção. O processo histórico que destrói os limites de uma época é sempre animado pelo que ainda não encontra forma para ser posto como representação da consciência ou da intenção. No entanto, em certos momentos, estamos dispostos a confiar nesse "algo outro" cujo conteúdo ainda permanece subterrâneo, ainda não realizado na "existência presente" e que, por isso, bate violentamente contra o mundo exterior como o que se bate contra uma casca. Tal confiança descobre a força de transformar o que lhe aparece inicialmente como opaco, como *pathos* cujo objeto desconhece o regime de presença da consciência e da intenção, em acontecimento portador de uma nova ordem possível. É nestes momentos raros nos quais tal confiança sobe à cena do mundo que a história mundial da emancipação se faz. Nunca esqueçamos dela, onde estiver.

**Acreditamos
nos livros**

Este livro foi composto em Adobe Garamond Pro
e impresso pela Lis Gráfica para a Editora Planeta
do Brasil em maio de 2025.